実用フランス語技能検定試験

3 級

仏検合格のための

傾 向 と 対 策
全 訂

鯨 井 佑 士 著
西 部 由 里 子

駿河台出版社

は　し　が　き

　本書は，「実用フランス語技能検定試験」（仏検）の 3 級を受験される方々のために企画・編集されたものです．本書の初版は 1987 年に発行され，その後版を重ねてきましたが，このたび出題傾向の変化に対応するために，問題・解説に全面的な改訂を行いました．また，3 級受験にあたって覚えておきたい文法事項と重要表現，そして語彙のまとめを巻末に付け加えました．次ページの「本書の使い方」を参考にしながら，繰り返し勉強し，合格を確実にするフランス語の実力を身につけていただきたいと思っております．

　仏検は文部科学省後援の公的な試験ですから，仏検合格の事実は社会から尊重され，したがって実力を認められる可能性がそれだけ増すことにつながります．3 級のレベルではまだそこまでは言えないとしても，合格の事実は実力を確認すると同時に自己実現・自己達成の喜びをあたえてくれます．本書を手に，ぜひ 3 級に合格してください．そして 3 級突破のうえは，さらに上の級に挑戦し，栄冠を手にされるよう願ってやみません．

　最後になりましたが，今回も仏検の問題の使用を快く認めていただいた，公益財団法人フランス語教育振興協会に厚く御礼申しあげます．

鯨井　佑士
西部由里子

本書の使い方

　本書は仏検 3 級の出題形式に沿って構成されています．筆記試験の第 1 問から第 9 問，そして聞き取り試験の第 1 問から第 3 問を 1 章ずつ取り上げていますので，各設問で何が問われるのか，どのような事項をマスターすればよいのかを確認しながら勉強を進めてください．また配点の 3 割を占める聞き取り試験の準備として，フランス語の音に耳を慣らすことは大変重要です．付属 CD を何度も聞いて活用してください．

過去問
比較的新しい年度に出題された問題を取り上げ，次ページに詳しい解説と解答を付けました．まずはここで自分の実力を確認しましょう．

過去問の分析と頻出事項
過去の問題でよく出題されている表現や文法事項について，出題例を示しながら，重点的に解説しています．

類題
問題演習のページです．いずれも次ページに解説と解答がありますので，問題を解いたらすぐに答え合わせをし，重要ポイントをチェックしましょう．

模擬試験
一通りの勉強が終わったら，実際の試験と同じ形式で作成された模擬試験を，時間を計って解き，力試しをしてみましょう．模擬試験は 2 回分あり，そのあとに解説・解答が付いています．ここであらためて，自分の弱点を発見するかもしれません．直前のチェックにも役立ててください．

文法のまとめ
3 級合格に必要な文法事項をわかりやすくまとめてあります．問題を解いていて疑問に思うことが出てきたら，すぐにここを参照してください．なお，最初にのっている動詞の活用と用法は，あらゆる設問に関わる重要事項です．繰り返し見直しましょう．

覚えましょう
3 級の試験問題を参考にして作成した，覚えておきたい慣用表現と動詞構文のリストです．

語彙集
3 級の試験問題に使われている単語を中心に，類語も加えて作成した，ジャンル別の語彙集です．チェック欄を活用して語彙力向上に役立ててください．

目　　次

はしがき 3
実用フランス語技能検定試験実施要領 9
試験注意事項 11
3級の内容と程度 12
　1.　3級の出題内容のあらまし 13
　2.　分野別にみた出題傾向 14

筆記試験
　第1問　慣用文穴うめ問題 18
　　過去問 19
　　過去問の分析と頻出事項 21
　　類題1，類題2，類題3，類題4 23
　第2問　動詞活用に関する問題 31
　　過去問 32
　　過去問の分析と頻出事項 34
　　類題1，類題2，類題3 37
　第3問　代名詞に関する問題 43
　　過去問 44
　　過去問の分析と頻出事項 46
　　類題1，類題2，類題3 50
　第4問　前置詞に関する問題 56
　　過去問 57
　　過去問の分析と頻出事項 59
　　類題1，類題2，類題3，類題4，類題5，類題6 62

第5問　語順並べかえ問題 68
　過去問 69
　過去問の分析と頻出事項 71
　類題 1，類題 2，類題 3 74

第6問　対話文完成問題 80
　過去問 81
　過去問の分析と頻出事項 84
　類題 1，類題 2，類題 3 86

第7問　対応語選択問題 92
　過去問 93
　類題 1，類題 2，類題 3 95

第8問　読解問題 101
　過去問 102
　類題 1，類題 2，類題 3 104

第9問　会話文穴うめ問題 110
　過去問 111
　類題 1，類題 2，類題 3 113

聞き取り試験 119

第1問　部分書き取り問題 120
　過去問 121
　類題 1，類題 2，類題 3 123

第2問　短文聞き取り挿絵選択問題 129
　過去問 130
　類題 1，類題 2，類題 3 132

第3問　会話文聞き取り問題 138
　過去問 139

類題 1，類題 2，類題 3 141

模擬試験　第 1 回
　　筆記試験 148
　　聞き取り試験 157

模擬試験　第 2 回
　　筆記試験 160
　　聞き取り試験 169

模擬試験・ヒントと解答
　　第 1 回 172
　　第 2 回 181

3 級必須ポイント 189
　　文法のまとめ (1)　動詞（活用形と用法）. 190
　　　　　　　　　 (2)　代名詞 198
　　　　　　　　　 (3)　その他 205
　　覚えましょう (1)　慣用表現 210
　　　　　　　　　 (2)　動詞の構文 212

語彙集 214
　　1．季節・月・曜日・方角・時に関する単語
　　2．時に関する表現
　　3．都市・道路・建物・施設・店に関する名詞
　　4．住まい・家具・日常よく使うものに関する名詞
　　5．家族・職業・対人関係に関する名詞
　　6．食事・食べ物・飲み物・食器に関する名詞
　　7．身体の部位を表す名詞

8. 衣類・装身具に関する名詞
9. 乗りものに関する名詞
10. 人生・社会生活・仕事に関する名詞
11. 学校・学科に関する名詞
12. スポーツ・芸術・余暇・旅行に関する名詞
13. 自然の事物・自然現象・動植物に関する名詞
14. 感情を表す名詞
15. その他の名詞
16. 対で覚えるとよい形容詞
17. 外見・性格・感情・状態を表す形容詞
18. 色を表す形容詞
19. その他の形容詞
20. 対で覚えるとよい動詞
21. 衣食住に関する動詞
22. 感情・喜怒哀楽・感覚を表す動詞
23. 「言う・話す・伝える」を表す動詞
24. 考え・判断を表す動詞
25. 日常的な活動(勉強・仕事・趣味・旅行・買い物・家事など)を表す動詞
26. 動作を表す動詞
27. 状態を表す動詞
28. 意味が似ている動詞・その他の動詞
29. 代名動詞(もとの動詞と対で覚えるとよいもの)
30. その他の代名動詞
31. よく使われる副詞
32. 動詞を含む熟語
33. 場所を表す前置詞句
34. 時を表す熟語
35. その他の熟語

実用フランス語技能検定試験　実施要領

　実用フランス語技能検定試験（仏検）は，年2回，春季（1次試験6月・2次試験7月）と秋季（11月・1月）に実施しております．ただし，1級は春季のみ，準1級は秋季のみの実施となります．

　2次試験は1級・準1級・2級・準2級の1次試験合格者が対象となります．なお，隣り合う2つの級まで併願が可能です（ただし，1級/準1級と2級の併願は除く）．

　また，出願の受付期間は，通常，春季は4月から5月中旬，秋季は9月から10月中旬となります．

◆各級の内容

1級（春季のみ）　《1次》　筆記試験（記述式・客観形式併用）120分（休憩20分）
　　　　　　　　　　　　　書き取り・聞き取り試験　約40分
　　　　　　　《2次》　面接試験　約9分

準1級（秋季のみ）　《1次》　筆記試験（記述式・客観形式併用）100分（休憩20分）
　　　　　　　　　　　　　書き取り・聞き取り試験　約35分
　　　　　　　《2次》　面接試験　約7分

2級　《1次》　筆記試験（記述式・客観形式併用）90分（休憩20分）
　　　　　　　書き取り・聞き取り試験　約35分
　　　《2次》　面接試験　約5分

準2級　《1次》　筆記試験（記述式・客観形式併用）75分（休憩20分）
　　　　　　　　書き取り・聞き取り試験　約25分
　　　　《2次》　面接試験　約5分

3級　**筆記試験（客観形式・記述式）60分**（休憩なし）
　　　聞き取り試験　約15分

4級　筆記試験（客観形式）45分（休憩なし）
　　　聞き取り試験　約15分

5級　筆記試験（客観形式）30分（休憩なし）
　　　聞き取り試験　約15分

◆受験地
　1次試験　札幌，弘前，盛岡，仙台，秋田，福島，水戸，宇都宮，群馬，草加，東京，横浜，新潟，金沢，甲府，松本，岐阜，静岡，名古屋，京都，大阪，奈良，鳥取，松江，岡山，広島，高松，松山，福岡，長崎，熊本，別府，鹿児島，宜野湾（沖縄県），パリ
　2次試験　札幌，盛岡，仙台，群馬，東京，新潟，金沢，静岡，名古屋，京都，大阪，松江，岡山，広島，高松，福岡，長崎，熊本，宜野湾，パリ

＊上記の受験地は，季ごとに変更となる可能性があります．また，会場によって実施される級が異なる可能性がありますので，詳しくは，最新の仏検受験要項をご確認いただくか，仏検事務局までお問い合わせください．

＊最終的な受験地・試験会場の詳細は，受験票の記載をご確認ください．

◆受験要項・願書の入手方法
　1．書店・生協　　受付期間内に全国の仏検特約書店および大学生協で配布，あわせて検定料の納入を受け付けております．
　2．郵送　　　　　仏検事務局まで電話・E-mail 等でご請求ください．
　3．ダウンロード　APEF ホームページからダウンロードし入手いただけます．

◆合否の判定とその通知
　級により異なりますが，60〜70％の得点率を目安に出題するようにつとめています．各級の合格基準は，審査委員会がさまざまな条件を総合的に判断して決定しています．
　1級・準1級・2級・準2級の試験結果通知には1次・2次試験ともに合否のほか，合格基準点，合格率とご本人の得点が記載されます．

◆お問い合わせ先

公益財団法人　フランス語教育振興協会　仏検事務局
　〒102-0073　東京都千代田区九段北 1-8-1　九段 101 ビル
　　　（TEL）03-3230-1603　　（FAX）03-3239-3157
　　　（E-mail）dapf@apefdapf.org
　　　（URL）http://www.apefdapf.org

試験注意事項

問題冊子は試験開始の合図があるまで開いてはいけません．

注 意 事 項

1. 途中退出はいっさい認めません．
2. 筆記用具は **HB** または **B** の黒鉛筆（シャープペンシルも可）を用いてください．
3. 解答用紙の所定欄に，**受験番号と氏名**が印刷されていますから，間違いがないか，**確認してください**．
4. マーク式の解答は，**解答用紙の解答欄にマークしてください**．例えば，3 の (1) に対して ③ と解答する場合は，次の例のように解答欄の ③ にマークしてください．

解答番号	解答欄
例 3 (1)	① ② ●

5. 記述式の解答の場合，正しく判読できない文字で書かれたものは採点の対象となりません．
6. 解答に関係のないことを書いた答案は無効にすることがあります．
7. 解答用紙を折り曲げたり，破ったり，汚したりしないように注意してください．
8. 問題内容に関する質問はいっさい受けつけません．
9. 不正行為者はただちに退場，それ以降および来季以後の受験資格を失うことになります．
10. 携帯電話等の電子機器の電源は必ず切って，かばん等にしまってください．
11. 時計のアラームは使用しないでください．

筆記試験終了後，休憩なしに聞き取り試験にうつります．

3級の内容と程度

程　度

　フランス語の文構成についての基本的な学習を一通り終了し，簡単な日常表現を理解し，読み，聞き，書くことができる．

標準学習時間：200 時間以上（大学で，第一外国語としての授業なら 1 年間，
　　　　　　　　　　第二外国語として週 2 回の授業なら 2 年間の学習に相当）

試験内容

読　む	日常的に使われる表現を理解し，簡単な文による長文の内容を理解できる．
書　く	日常生活で使われる簡単な表現や，基本的語句を正しく書くことができる．
聞　く	簡単な会話を聞いて内容を理解できる．
文法知識	基本的文法知識全般．動詞については，直説法，命令法，定型的な条件法現在と接続法現在の範囲．

語彙：約 1,700 語

試験形式

1 次試験のみ（100 点）

筆　記	問題数 9 問，配点 70 点．試験時間 60 分．マークシート方式，一部語記入．
聞き取り	問題数 3 問，配点 30 点．試験時間約 15 分（部分書き取り 1 問・10 点を含む）．マークシート方式，一部語記入．

1． 3級の出題内容のあらまし

　3級の問題は，問題の数や順番までも含めて毎回ほぼ同じ形式で出題されています．これを表にしてみると次のようになります．

［筆　記］

	内　　容	形　　　式	問題数	配点
1	語　彙	穴うめ・記述	4	8
2	動詞活用	対話文・記述	5	10
3	代名詞	穴うめ・選択	4	8
4	前置詞	穴うめ・選択	4	8
5	語　順	語の並べかえによる仏文完成	4	8
6	対話文	仏文選択	4	8
7	短　文	関連する仏語選択	6	6
8	説明文	内容一致・和文選択	6	6
9	会話文	穴うめ・仏文選択	4	8

［聞き取り］

	内　　容	形　　　式	問題数	配点
1	部分書き取り	穴うめ・記述	5	10
2	短文聞き取り	仏文に一致する絵の選択	5	10
3	会話文聞き取り	仏文に一致する和文の選択	5	10

　実用フランス語技能検定試験の問題は毎年ほぼ同じ形式の問題が出題されています．このことをまず踏まえておいてください．毎年ほぼ同じ形式で出題されるのは，次のような理由からであると考えられます．仏検は，検定試験という性格からして，各級のレベルを毎回一定に保つ必要があります．ですから，大幅に内容を変更することはむずかしく，さらに，仮にある級の出題内容を変えると上下の級に影響を及ぼす可能性が出てきます．そのため，毎年ほぼ同じ形式・内容の問題が出題されるということでしょう．したがって皆さんとして

は，仏検の各級が要求している知識・能力というのは，それぞれある特定のものであることを認識して準備することが，合格への近道となります．

2. 分野別にみた出題傾向

出題傾向を知るために，問題を分野別に整理して，その内容を簡単に説明してみましょう．

筆記試験

第1問 慣用文穴うめ問題

フランス語の短文の一部が空白になっていて，そこに適当なことば（1語）を補う問題です．文章はいずれも日常的な慣用文です．

第2問 動詞活用に関する問題

フランス語の対話文があたえられ，（ ）の中の不定詞を適当な活用形にするという問題です．直説法現在だけでなく，過去時制や未来時制，さらに条件法や接続法に関する知識も問われます．

第3問 代名詞に関する問題

フランス語文の空欄に選択肢から適当な代名詞を選んで補うという形式で出題されます．出題される代名詞の種類としては，人称代名詞（目的語と強勢形）指示代名詞（性数の変化のあるもの），中性代名詞（en, y, le），および不定代名詞（quelque chose, rien など）があります．また，これに加えて，疑問代名詞と関係代名詞も出題されます．

第4問 前置詞に関する問題

フランス語の短文の空欄に，選択肢から選んで，適当な前置詞を補う問題です．前置詞そのものの用法を問うものと他の語句との関連で適当な前置詞を選ぶものがあります．

第5問 語順並べかえ問題

フランス語の文が部分的に空白になっており，そこに選択肢を並べかえて入れ，意味の通る文を作ります．解答は3番目の（ ）に入れる選択肢の番号

で答えます．日本語訳はついていませんが，構文能力が試されるという点で一種の作文問題です．

第 6 問　対話文完成問題
あたえられた状況のなかで最も適切な応答文を選ぶ問題です．A，B 2 人の対話文になっており，A・B・A の 3 つの文のつながりで，2 番目の B の文を選択肢のなかから選びます．

第 7 問　対応語選択問題
あたえられたフランス語の短文に空白があり，内容に関連があることばを選択肢から選んで入れる問題です．

第 8 問　読解問題
ある程度の長さのフランス語の文章（説明文）を読ませ，その内容の真偽について判断させる問題です．出題文は 10 行くらいのごく一般的な文章です．また，真偽を判断する文は日本語であたえられています．

第 9 問　会話文穴うめ問題
2 人の人物の間に交わされる会話文のいくつかの箇所を空白にして，そこに適当な文や語句を選択肢のなかから選んで補う問題です．基本的な会話の能力を試そうとする問題です．

聞き取り試験

第 1 問　部分書き取り問題
会話文の一部が空白になっていて，その部分を耳で聞いて書き取る問題です．聞き取りの能力と，つづり字が書けなければいけないので単語力も必要です．

第 2 問　短文聞き取り挿絵選択問題
フランス語の短文を聞き取り，その文が表している場面を挿絵のなかから選びます．似たような文を聞きわける必要があります．

第 3 問　会話文聞き取り問題
ある程度の長さの会話文を聞き取って，その内容に関する日本語の文の真偽

を判定します．会話文は日常的で平易な内容のものです．

　本書では，上記のように問題の傾向を分析し，それぞれの分野ごとに適切な問題を集めて編集してあります．皆さんもこれを活用して，ぜひ3級の合格を勝ち取ってください．

筆 記 試 験

　筆記試験は全部で9問です．内容は，慣用文穴うめ，動詞活用，代名詞，前置詞，語順並べかえ，対話文完成，対応語選択，読解問題，会話文穴うめと多岐にわたります．配点は合計70点です．

　対策としては，動詞活用，代名詞，前置詞など，基礎的な知識を確実に積み重ねることが必要です．それから，日常的な慣用文をできるだけ覚えることと，対話文，会話文で使われる慣用的な言い回しを記憶することが大切です．さらに，基礎単語を中心に語彙数を増やすことに努めましょう．巻末の**【語彙集】**(p. 214) を活用してください．

第1問
慣用文穴うめ問題

　日本語訳を添えた短いフランス語の文の一部を空白にしておいて，そこにことばをうめさせる問題です．毎回4題出題され，配点は8点です．

　日本語が添えられているのですが，いずれも短い日常的な慣用文ですので，作文問題というよりも慣用表現や決まり文句などを知っているかどうかがポイントになります．入れる単語は1語，ヒントとして単語の頭文字があたえられています．もちろん，つづり字が書けなければいけません．入れる単語は，名詞，動詞，形容詞，副詞などさまざまです．

　日常よく使われる慣用的な言い回しは，この分野に限らず，フランス語習得の上できわめて大切ですから，出会ったらそのつど，努めて覚えるようにしましょう．その際，電話，買い物，レストラン，道案内というように場面別にして言い回しを覚えるのが効率的です．（→**【覚えましょう (1)】** p. 210)

過去問

次の日本語の表現 (1)〜(4) に対応するように，(　) 内に入れるのに最も適切なフランス語（各1語）を，**示されている最初の文字とともに**，解答欄に書いてください．

(1) このまままっすぐ進んでください．

　　　Continuez tout (d　　　　).

(2) ［電話で］そのままお待ちください．

　　　Ne (q　　　　) pas, s'il vous plaît.

(3) たぶんね．

　　　(S　　　　) doute.

(4) なるべく早く返事をちょうだい．

　　　Réponds-moi le plus vite (p　　　　).

解答番号	解　答　欄
(1)	
(2)	
(3)	
(4)	

第 1 問　慣用文穴うめ問題

解説　( ) の中に単語を入れる穴うめ問題です．(4) を除きいずれも日常的な慣用表現です．

(1) **droit** ということばは品詞により意味が異なりますから要注意です．まず，形容詞の場合は，「まっすぐな」という意味と「右の」という意味の両方の意味があります．副詞の場合は，「まっすぐに」という意味になります．droit の前の tout は副詞で次にくる語の意味を強める働きをします．なお，droite は「右」という意味の名詞になります．

(2) 「立ち去る」という意味の動詞です．電話の決まり文句で，「切らずにそのままお待ちください．」ということです．

(3) 本来の意味は「疑いもなく」なのですが，意味が弱まって「多分，おそらく」くらいの意味で使います．本来の「疑いもなく」というときは，**sans aucun doute** と言います．

(4) 最上級に possible をつけると，「できるだけ」という意味になります．*aussi vite que possible* と言っても同じです．

解答　(1) **droit**　(2) **quittez**　(3) **Sans**　(4) **possible**

過去問の分析と頻出事項

　日常会話で交わされる定型的な表現が中心です．やさしいものが多いですが，つづり字に注意しましょう．特に次の 1. と 2. は頻繁に出題されている定番問題です．

〔以下，フランス語文中の（　）は，実際の試験で問題となった単語です．〕

1. Bon... / Bonne... で始まる祈願を表す慣用表現

　次にくる名詞が男性名詞のときは Bon，女性名詞のときは Bonne になります．

　　(Bon) anniversaire !　誕生日おめでとう！（2006 秋）
　　Bonne (année) !　あけましておめでとう！（2009 春）

2. À... で始まる別れの慣用表現

　再会を期して言う別れのことばです．

　　À plus (tard) !　またあとで．（2007 春）
　　À (bientôt) !　また近いうちに．（2007 秋）

3. C'est... で始まる慣用表現

　C'est のうしろに形容詞などがくる慣用文がよく出題されています．

　　C'est (complet).　満員です．（2007 秋）
　　Ce n'est (rien), madame.　いえ，なんでもありませんよ．（2009 春）
　　C'est (sûr) ?　それ確かかい？（2009 秋）

4. 慣用表現のキーとなる単語を入れさせる問題

1) 動詞を入れるものが比較的多く出題されています．

  Je vous en (prie)．どういたしまして．(2008 秋)
  Je vous (remercie)．ありがとうございます．(2009 秋)

2) 名詞を入れるものも多く出題されています．

  Je vous demande (pardon)．申しわけありません．(2007 秋)
  Avec (plaisir)．よろこんで．(2008 秋)
  Fais (attention)！ 注意して．(2009 秋)

3) 形容詞や副詞を入れるものもあります．

  Ça sent (bon)．いい匂いだね．(2006 春)
  Tu es (prêt), Pierre ? 用意はできたの？ ピエール．(2008 秋)
  J'en ai (assez)！ うんざりです．(2006 春)
  Ton père est (là) ? お父さんはいる？ (2009 春)

5. その他の慣用表現

 さまざまなものがありますが，例えば，電話をする場面での表現とか，買い物をする場面での表現というように，場面別に覚えておくとよいでしょう．
(→【覚えましょう (1)】 p. 210)

類題 1

次の日本語の表現 (1)〜(8) に対応するように，（　）内に入れるのに最も適切なフランス語（各 1 語）を，**示されている最初の文字**とともに，解答欄に書いてください．

(1) お勘定お願いします．
　　L'(a　　　), s'il vous plaît.

(2) 君がいなくてとても寂しい．
　　Tu me (m　　　) beaucoup.

(3) クリスマスおめでとう．
　　(J　　　) Noël !

(4) 最初の道を右に曲がりなさい．
　　Prenez la première rue à (d　　　).

(5) それはどういう意味ですか？
　　Qu'est-ce que ça veut (d　　　) ?

(6) どうしようもない．
　　Rien à (f　　　).

(7) どうぞごゆっくり．
　　Prenez votre (t　　　).

(8) ［電話で］どなた様ですか？
　　Qui est à l'(a　　　) ?

解答番号	解　答　欄	解答番号	解　答　欄
(1)		(5)	
(2)		(6)	
(3)		(7)	
(4)		(8)	

24　第1問　慣用文穴うめ問題

解説 慣用文の穴うめ問題です．入れることばは，名詞，動詞，形容詞とさまざまですが，文はいずれも日常的な言い回しです．

(1) 喫茶店，レストランなどでの決まり文句です．「足し算」という意味の名詞を入れます．
(2) manquer は本来「欠けている」という意味ですが，この場合は，「いなくて寂しい」という意味になります．
(3) 英語の Merry Christmas! に当たります．ついでに，「新年おめでとう．」は Bonne année! です．
(4) 逆に「左」なら gauche です．
(5) **vouloir dire** で「意味する」という意味です．1語で言えば，signifier です．
(6) (Il n'y a) rien à faire. を略した言い方です．「なすべきことが何もない」のですから，「どうしようもない」ということになります．
(7) 《**prendre son temps pour**＋不定詞》だと「ゆっくり時間をかけて～する」という意味になります．
(8) 電話の決まり文句です．appareil は一般的に「機械」を指しますが，ここでは「電話機」のことです．

解答 (1) **addition**　(2) **manques**　(3) **Joyeux**　(4) **droite**
　　　　(5) **dire**　(6) **faire**　(7) **temps**　(8) **appareil**

類題 2

次の日本語の表現 (1)〜(8) に対応するように，（　）内に入れるのに最も適切なフランス語（各1語）を，**示されている最初の文字**とともに，解答欄に書いてください．

(1) あんまり大きな声でしゃべらないでください．
   Ne parlez pas trop (f　　　).

(2) いいえ，ちっとも．
   Pas du (t　　　).

(3) いいんじゃないですか？
   (P　　　) pas ?

(4) 家にいるほうがよい．
   Il vaut (m　　　) rester chez soi.

(5) （残念だが）仕方がない．
   Tant (p　　　)！

(6) それには及びません．
   Ce n'est pas la (p　　　).

(7) それは場合によります．
   Ça (d　　　).

(8) ちょうど7時です．
   Il est sept heures (j　　　).

解答番号	解　答　欄
(1)	
(2)	
(3)	
(4)	

解答番号	解　答　欄
(5)	
(6)	
(7)	
(8)	

26　第1問　慣用文穴うめ問題

解説　慣用文の穴うめ問題です．応答の慣用句，熟語のほか，副詞の用法を問う問題が混じっています．

(1) **fort** は，本来は形容詞で「強い」という意味ですが，この場合は副詞で「大きな声で」という意味になります．
(2) 「全然ない」という意味の応答のことばですが，相手が謝ったりしたときにも使えます．
(3) 「どうしてだめなのか？」ということから，「いいじゃないか．」「いいですね．」という意味になります．
(4) 《**il vaut mieux**＋不定詞》は「～するほうがよい」という意味の非人称表現です．
(5) 反対は，Tant mieux !「それはよい．」です．
(6) 《**ce n'est pas la peine de**＋不定詞》という形で，「～するには及ばない」という言い方もできます．
(7) 「それは事と次第による．」「場合によりけりである．」という意味でよく使う表現です．
(8) **juste** ということばは，形容詞の場合は「公平な，正当な」という意味ですが，この場合のように副詞としては「ちょうど，ぴったり」という意味になります．また，副詞ですから，性数の一致は行いません．

解答　(1) **fort**　(2) **tout**　(3) **Pourquoi**　(4) **mieux**
　　　　(5) **pis**　(6) **peine**　(7) **dépend**　(8) **juste**

類題 3

次の日本語の表現 (1)〜(8) に対応するように，(　) 内に入れるのに最も適切なフランス語 (各 1 語) を，**示されている最初の文字とともに**，解答欄に書いてください．

(1) ええ，もちろんです．
Oui, bien (s　　　) !

(2) おわかりですか？
Vous vous rendez (c　　　) ?

(3) 気楽になさってください．
Faites comme (c　　　) vous.

(4) さあ，出発！
Allons, en (r　　　) !

(5) それはどうでもよい．
Ça m'est (é　　　).

(6) どういたしまして．
Il n'y a pas de (q　　　).

(7) そうかなあ？
Vous (c　　　) ?

(8) ようこそいらっしゃいました．
Soyez le (b　　　) !

解答番号	解答欄	解答番号	解答欄
(1)		(5)	
(2)		(6)	
(3)		(7)	
(4)		(8)	

解　説　慣用文の穴うめ問題です．基本的な熟語や慣用表現を知っているかどうかが問われています．前の問題よりも少しむずかしいかも知れません．

(1) sûr は形容詞としては「確かな」という意味ですが，**bien sûr** というと「もちろん」という意味で，応答のことばとして使います．

(2) 《**se rendre compte** (de＋名詞 / que＋節)》は「理解する，了解する」という意味の熟語で，日常会話でよく使われます．

(3) 文字通りには「あなたのうちでするようにしなさい」という意味です．「～のうちで」という意味の前置詞を入れます．

(4) *être* en route「途上にある」，*se mettre* en route「旅立つ，出発する」という言い方がありますが，単に **En route !** と言うと，「出発！」という意味になります．

(5) 「それは同じだ」という意味です．転じて「それはどうでもよい」という意味になります．

(6) 決まり文句です．お礼を言われたときの返事として使います．ほかに，Je vous en prie. や De rien. も使われます．

(7) 直接目的が省かれていますが，「あなたは本当にそう思うか」という意味です．「思う，信ずる」という意味の動詞を入れます．

(8) 歓迎を表す表現で，英語の Welcome! に当たります．相手が女性なら，Soyez la bienvenue ! となります．

解　答　(1) **sûr**　(2) **compte**　(3) **chez**　(4) **route**
　　　　　(5) **égal**　(6) **quoi**　(7) **croyez**　(8) **bienvenu**

類題 4

次の日本語の表現 (1)〜(8) に対応するように，（　）内に入れるのに最も適切なフランス語（各 1 語）を，**示されている最初の文字**とともに，解答欄に書いてください．

(1)　ああ，わかった．
　　　Ah! j'y (s　　　).
(2)　おいくらですか？
　　　Ça fait (c　　　)?
(3)　がんばって！
　　　Bon (c　　　)!
(4)　今日は何曜日ですか？
　　　Quel (j　　　) sommes-nous aujourd'hui?
(5)　ごもっとも．
　　　Vous avez (r　　　).
(6)　それは怪しい．
　　　J'en (d　　　).
(7)　申し訳ありません．
　　　Je suis (d　　　).
(8)　よくあることです．
　　　Ça (a　　　).

解答番号	解　答　欄	解答番号	解　答　欄
(1)		(5)	
(2)		(6)	
(3)		(7)	
(4)		(8)	

第1問　慣用文穴うめ問題

解説 日常的な決まり文句ばかりが集められています．入れるのは動詞，副詞，名詞，形容詞などですが，つづり字がしっかり書けないといけません．

(1) 中性代名詞 y と動詞 être の組み合わせはさまざまな言い回しを作ります．Ça y est.「これでよし．」などもよく使われます．
(2) *C'est* combien ? とも言いますが，こちらは単に値段を聞く場合．**Ça fait combien ?** は，いくつかのものの合計がいくらか，というニュアンスが加わります．
(3)「勇気，元気」という意味のことばを入れます．発音は違いますが，つづり字は英語と同じです．
(4)「今日は何日ですか？」とたずねる場合は，
　　Quel jour du mois sommes-nous ? または
　　Le combien sommes-nous ? と言います．
(5) **avoir raison** は「道理がある → 正しい」という意味の熟語です．反対は avoir tort「まちがっている」です．
(6)「疑う」という意味の動詞を入れます．中性代名詞 en は漠然としていますが，状況を受けて de cela「それについて」ということです．
(7) 英語の I am sorry. に当たる言い方です．
(8) arriver には，「(物事が) 起こる」という意味があり，この場合はその意味で使っています．

解答　(1) **suis**　(2) **combien**　(3) **courage**　(4) **jour**
　　　　(5) **raison**　(6) **doute**　(7) **désolé(e)**　(8) **arrive**

第 2 問
動詞活用に関する問題

　動詞の活用を書かせる問題が毎回 5 題出題されます．配点は 10 点です．

　問いの形式は，フランス語の対話文になっており，(　　) 内にあたえられている不定詞を適当な形にするというものです．対話文になっているのは，文脈をあたえるためで，状況や意味を考え，さらに構文も考慮して適当な法と時制を選ばなくてはなりません．

　動詞の活用はフランス語初歩の最大のポイントです．その基本は直説法現在形にありますが，3 級の出題はむしろ他の時制を問うものが主であることに注意を要します．**直説法現在**以外に，**複合過去**，**半過去**，**単純未来**，**命令法**，**ジェロンディフ**などの活用形と用法，さらに**条件法**および**接続法**の構文に関する知識が必要になります．動詞の法や時制に関する基本的な文法事項をもう一度復習しておきましょう．活用の規則については【**文法のまとめ (1)**】(p. 190) を参照してください．

第 2 問　動詞活用に関する問題

過去問

次の対話 (1)〜(5) の (　　) 内の語を必要な形にして，解答欄に書いてください．

(1) — Je fume environ 30 cigarettes par jour.
　　— Vous (devoir) arrêter de fumer tout de suite !

(2) — Les enfants restent à la maison ?
　　— Oui. S'il faisait beau, ils (jouer) dans le jardin.

(3) — Papa, tu peux venir me chercher ?
　　— Bien sûr. (Attendre)-moi devant la gare.

(4) — Pourquoi est-elle en colère ?
　　— Parce que ses enfants (casser) ses lunettes hier.

(5) — Ton grand-père t'a donné cet argent ?
　　— Non. Je l'ai gagné en (travailler) chez le boulanger.

解答番号	解 答 欄
(1)	
(2)	
(3)	
(4)	
(5)	

解説 動詞の活用の問題です．直説法現在，複合過去，条件法現在，命令法とジェロンディフが出題されています．構文や文脈を考えて，適当な法と時制を選んでください．

(1)「わたしは 1 日 30 本ほどタバコをすいます．」と相手が言ったのに対し「すぐにタバコをやめるべきですよ．」と応じています．直説法現在形か条件法現在形にします．後者だと，「できれば」というニュアンスが加わります．

(2)「子供たちは家にいるの？」と聞かれて，「うん．天気がよければ，庭で遊ぶところなのに．」と答えています．今，天気が悪いのです．現在の事実に反する仮定ですから，条件法現在形を使います．

(3)「お父さん，迎えに来てくれる？」と子供に聞かれて，「もちろんいいよ．駅前で待ってなさい．」と命令形で答えています．親子ですから 2 人称単数形を使います．

(4)「彼女はなぜ怒っているの？」という質問に「きのう子供たちが彼女の眼鏡を壊しちゃったからです．」と答えています．時制は当然複合過去です．

(5)「このお金，おじいちゃんにもらったの？」と聞かれて「いえ，パン屋で働いて稼いだの．」という答えです．方法や手段を表すジェロンディフを使います．en のあとに現在分詞の形を置きます．

解答 (1) **devez / devriez** (2) **joueraient** (3) **Attends** (4) **ont cassé** (5) **travaillant**

過去問の分析と頻出事項

3級で出題されるのは以下のような法・時制の特定の用法です．これをよく理解して活用できるようにしておきましょう（**【文法のまとめ(1)】** p. 190 参照）．

1. 直説法現在

出題される直説法現在の用法は主に次の2つの場合です．

1) 現在の習慣

 Chaque mois, je (reçois) une lettre de lui.
 毎月，彼から手紙を1通受け取ります．（2008 秋）

2) 過去から現在まで続いている行為（これは要注意です．）

 Non, je ne les (vois) plus depuis trois jours.
 いいえ，3日前からもう彼らに会っていません．（2007 春）

2. 直説法単純未来

単純未来形は，不規則動詞で特殊な語幹をとるものに注意しましょう．

 Je (ferai) attention la prochaine fois. 次回は注意します．（2007 春）

 Alors, vous (aurez) peut-être des nouvelles de son frère.
 それじゃ，多分，あなたは彼／彼女の兄／弟の消息が聞けるでしょう．（2008 春）

3. 直説法半過去（複合過去との区別）

直説法半過去はほぼ毎回出題されています．次のような場合に使われますので，その用法をよく理解しておきましょう．

1) 過去において進行しつつあった行為（過去進行形）

 Jean est tombé d'une voiture qui (roulait) à 100 km à l'heure.
 ジャンは時速100キロで走っていた車から落ちた．（2007 秋）

 Il (dînait) avec moi à la maison.
 彼はわたしといっしょにうちで夕食を食べていました．（2009 秋）

2) 過去の状態

 Je ne (savais) pas. 私は知らなかった．（2006 秋）

3) 反復された行為や過去の習慣

 Si, c'est toujours nous qui (allions) acheter le pain.
 いいえ，パンを買いに行ったのはいつもわたしたちでした．（2007 春）

次に，**半過去と複合過去の区別**が重要です．期間を限定することばがある場合は，過去の状態でも半過去ではなく複合過去になります．これはよく出題されます．

 Elle (est restée) au lit **toute la journée** hier.
 彼女は昨日 1 日中寝ていました．（2007 秋）

 Il l'(a étudié) **pendant trois ans**. 彼はそれを 3 年間学びました．（2008 秋）

4. 直説法大過去

間接話法の中で使われる直説法大過去が出題されています．

 Elle m'a dit qu'elle (avait visité) Paris l'été dernier.
 去年の夏パリを訪れたと彼女はわたしに言いました．［直接話法 Elle m'a dit : « J'ai visité Paris l'été dernier. »］（2008 春）

5. 代名動詞

代名動詞の複合過去形がよく出題されています．助動詞が être になることに注意しましょう．

 Non, il était parti, quand je (me suis réveillé).
 いいえ，わたしが目を覚ましたとき彼は出発していました．（2006 春）

6. 条件法現在（直説法単純未来との区別）

1) 現在の事実に反する仮定：（条件節）**Si**＋直説法半過去 ／（帰結節）**条件法現在**

 Je t'(offrirais) un château.
 僕は君にお城をあげるだろうに．〔条件節が省略されている．〕（2006 春）

2) 語調緩和・丁寧表現

 J'(aimerais) visiter le château. わたしはその城を訪れたいのですが．（2007 秋）

3) 可能性のある仮定：（条件節）**Si**＋**直説法現在** ／（帰結節）**直説法単純未来**
条件法を使いません．これは要注意です．

　　S'il (finit) son travail demain, il **viendra** lui aussi.
　　　もし明日仕事が終わったら，彼も来るでしょう．（2008 春）

7. 接続法現在

3 級で出題されるのは主に次の 2 つの場合です．

1) 願望を表す動詞 **vouloir** のあと

　　Je **veux que** tu (viennes) ce soir.　今晩君に来てもらいたい．（2008 秋）

2) 非人称構文 **il faut** のあと

　　Il faut que vous (preniez) ce médicament avant le repas.
　　　あなたはこの薬を食前に飲む必要があります．（2009 秋）

8. 命令法

活用形が不規則なものに注意が必要です．

　　Oui, (ayons) du courage !　そうです，がんばりましょう．[不定詞 avoir]（2006秋）

　　(Appelle) monsieur Dubois quand tu arriveras à l'aéroport.
　　　空港に着いたらデュボワさんに電話しなさい．[不定詞 appeler]（2008 春）

9. ジェロンディフ

ジェロンディフ《**en**＋**現在分詞**》がときどき出題されます．

　　On la voit mieux en (montant) plus haut.
　　　もっと上に登ればさらによく見えます．（2010 春）

類題 1

次の対話 (1)~(8) の (　) 内の語を必要な形にして，解答欄に書いてください．

(1) — D'où viennent les étoiles ?
    — (demander) à ton père, je n'ai pas le temps de te répondre.
(2) — Il ne travaille pas du tout.
    — Il (réussir) à l'examen, s'il travaillait mieux.
(3) — Il (pleuvoir) encore ?
    — Non, il va faire beau.
(4) — Je n'ai rien à faire ce soir.
    — Alors, si on (aller) au cinéma ?
(5) — Tu (lire) le journal ce matin ?
    — Oui, il n'y avait rien de spécial.
(6) — Tu vas lui laisser un message ?
    — Oui, comme cela, demain, il (savoir) pourquoi je suis partie.
(7) — Vous êtes libre ?
    — Non, je suis occupé, parce qu'il faut que je (finir) ce travail avant midi.
(8) — Vous vous rappelez son nom ?
    — Oui, elle (s'appeler) Marie Dubois.

解答番号	解　答　欄	解答番号	解　答　欄
(1)		(5)	
(2)		(6)	
(3)		(7)	
(4)		(8)	

第2問　動詞活用に関する問題

解説　動詞の活用の問題です．さまざまな法と時制が使われています．まず，その構文が直説法でよいのか，それとも接続法にするべきなのか，それとも条件法や命令法の文なのかを判断してください．次に，文脈から，現在なのか，過去なのか，未来なのか，時制を見きわめます．

(1)「星はどこから来たの？」という子供の質問に対して，大人が「お父さんに聞きなさい．お前に答えている暇はないよ．」と言っています．命令形ですが，相手を tu で呼んでいますから，2 人称単数形です．-er 動詞の命令法 2 人称単数の語尾は -es ではなく -e になることに注意してください．

(2)「彼はちっとも勉強しない．」ということばに対し，「もっと勉強したら試験に受かるのに．」という応答です．現在の事実に反する仮定の結果を表すのは条件法現在形です．

(3)　答えのほうは「いえ，天気はよくなるでしょう．」ですから，「まだ雨が降ってますか？」とたずねます．現在進行中の動作を表すのは直説法現在形です．

(4)「今晩何もすることがない．」と言ったのに対し，「じゃあ，映画に行かない？」と応じています．《**Si**＋**半過去 ?**》は「～しませんか？」と相手を誘う言い方です．

(5)「今朝新聞読んだ？」という問いに対して「ええ，特別なことは何もありませんでした．」と答えています．複合過去です．lire の過去分詞はちょっとむずかしいでしょうか．

(6)「君は彼に伝言を残すの？」と聞かれて，「ええ，明日，彼はわたしがなぜ出て行ったかを知るでしょう．」と答えます．直説法単純未来形または近接未来です．savoir の単純未来形は語幹が特殊な形になります．

(7)「お暇ですか？」と聞かれて，「いいえ，忙しいです．昼までにこの仕事を終えなければならないので．」と答えています．非人称構文 **il faut que** …のあとは接続法を使います．

(8)「彼女の名前を覚えていますか？」という質問に「ええ，彼女はマリー・デュボワといいます．」と答えています．直説法現在形です．se rappeler は「覚えている」という意味の代名動詞です．

解答　(1) **Demande**　(2) **réussirait**　(3) **pleut**　(4) **allait**　(5) **as lu**　(6) **saura / va savoir**　(7) **finisse**　(8) **s'appelle**

類題 2

次の対話 (1)〜(8) の (　) 内の語を必要な形にして，解答欄に書いてください．

(1) — Ce n'est pas bon et c'est trop cher.
　　— Nous ne (revenir) plus dans ce restaurant !

(2) — Il (vivre) longtemps ?
　　— Oui, il est mort à l'âge de 90 ans.

(3) — J'ai peur d'être en retard.
　　— (être) tranquille, nous avons assez de temps.

(4) — J'ai vu un accident ce matin.
　　— Ah ! Où est-ce que ça (se passer) ?

(5) — Je ne comprends pas.
　　— Mais je veux que tu (comprendre).

(6) — Je vous (devoir) combien ?
　　— Dix euros, madame.

(7) — Nous (parler) de Marie quand elle est entrée.
　　— Elle vous a dit bonjour ?

(8) — S'il faisait beau, j'(aller) à la montagne.
　　— Tant pis ! Le temps est à l'orage.

解答番号	解　答　欄	解答番号	解　答　欄
(1)		(5)	
(2)		(6)	
(3)		(7)	
(4)		(8)	

40　第 2 問　動詞活用に関する問題

解説　動詞活用のさまざまな形を問う問題です．直説法現在，単純未来，複合過去，半過去，条件法現在，接続法現在と命令法が出題されています．

(1) 食事を終えてレストランから出てきたときの会話です．「おいしくないし高い．」と言ったのに対して，「もうこのレストランに来るのはやめましょう．」と応じています．今後のことを言っているので，単純未来形です．
(2) 「彼は長生きしたの？」「ええ，90 歳で死にました．」という対話です．当然，複合過去ですが，vivre の過去分詞は少しむずかしいですね．
(3) 「遅刻するのじゃないか心配です．」という相手に「落ち着いて，時間は十分あります．」となだめています．être の命令形は特殊な形になります．この場合は，親しさの度合に応じて Sois または Soyez を使います．なお，形容詞が単数なので Soyons は不可です．
(4) 「今朝事故を見ました．」「それ，どこで起こったの？」**se passer** は「（物事が）起こる」という意味です．複合過去にします．代名動詞の場合，助動詞は être です．
(5) 相手が「わからない．」と言ったのに対し，「でも，君にわかってもらいたいんです．」と応じています．**vouloir que**… のあとは接続法を用います．
(6) 「おいくらですか？」という値段をたずねるときの決まり文句です．答えは「10 ユーロです．」
(7) 「マリーが入ってきたとき，わたしたちは彼女のうわさをしていました．」というのに対して，「彼女はあなたたちに挨拶しましたか？」とたずねています．「彼女のことを話していた（うわさをしていた）」という部分の時制は，過去における継続的な行為を表しますので，直説法半過去になります．
(8) 「もし，天気がよければ，山に行くのだが．」と言ったのに対し，「しかたがないよ．嵐になりそうだよ．」と応じています．現在の事実に反する仮定を表す構文で，条件法現在形を用います．

解答　(1) reviendrons　(2) a vécu　(3) Sois / Soyez　(4) s'est passé
　　　　(5) comprennes　(6) dois　(7) parlions　(8) irais

類題 3

次の対話 (1)～(8) の ( ) 内の語を必要な形にして，解答欄に書いてください．

(1) — Mais je ne mens pas !
    — Je veux que tu (dire) la vérité.

(2) — Oh ! il est déjà 8 heures !
    — (se dépêcher), tu vas être en retard !

(3) — Paul a téléphoné.
    — Qu'est-ce qu'il (vouloir) ?

(4) — Qu'est-ce que tu t'es fait à la jambe ?
    — Je suis tombé en (descendre) l'escalier.

(5) — Qu'est-ce que vous ferez, s'il pleut demain ?
    — Nous (visiter) le musée du Louvre.

(6) — Son mari n'est plus à Tokyo.
    — S'il était avec elle, elle (être) moins inquiète.

(7) — Tu as oublié la date ?
    — Oui, mais je (se souvenir) qu'il faisait très froid.

(8) — Tu (voir) Françoise ?
    — Oui, elle est venue hier soir à la maison.

解答番号	解 答 欄	解答番号	解 答 欄
(1)		(5)	
(2)		(6)	
(3)		(7)	
(4)		(8)	

第 2 問　動詞活用に関する問題

解説　動詞の活用の問題です．直説法現在，単純未来，複合過去，半過去，条件法現在，接続法現在，命令法とジェロンディフが出題されています．

(1)「うそなんかついていませんよ．」と言ったのに対し，「わたしは君に本当のことを言ってもらいたい．」と応じています．**vouloir que...** のあとは動詞を接続法にします．
(2)「おや，もう 8 時だ．」「急ぎなさい．遅刻しますよ．」代名動詞の命令形です．肯定なので，再帰代名詞が動詞のうしろに置かれます．この場合は，te が toi に変わります．
(3)「ポールから電話がありました．」と言ったのに対し，「彼は何を望んでいたの？」とたずねています．過去の状態ですから，半過去にします．
(4)「脚をどうしちゃったの？」「階段を降りるときころんだの．」という対話です．同時性を表すジェロンディフです．
(5)「明日雨降りだったらどうするつもりですか？」「ルーブル美術館を訪れます．」という対話です．質問と同じように，単純未来形で答えます．
(6)「彼女の夫はもう東京にいません．」「もし彼がいっしょにいれば，彼女もそんなに心配しないのに．」という対話です．現在の事実に反する仮定ですから，条件法現在形を使います．
(7)「日付けを忘れてしまったの？」という質問に対して，「ええ，でもとても寒い日だったことは覚えています．」と応じています．「覚えている」という意味の代名動詞です．時制は直説法現在です．
(8)「フランソワーズに会った？」「ええ，彼女は昨晩うちに来ました．」という対話です．当然，複合過去です．

解答　(1) **dises**　(2) **Dépêche-toi**　(3) **voulait**　(4) **descendant**　(5) **visiterons**　(6) **serait**　(7) **me souviens**　(8) **as vu**

第 3 問
代名詞に関する問題

　代名詞に関する問題が毎回 4 題出題されます．配点は 8 点です．
　代名詞というと，まず，人称代名詞のことが想起されますが，このほかにも，指示代名詞や所有代名詞，さらに，中性代名詞とか不定代名詞とか文法的に大事な働きをするものがあります．また，普通の代名詞とは性質が違いますが，疑問代名詞と関係代名詞もここではこの仲間に含めて扱います．
　この分野で**一番よく出題されているのは中性代名詞**です．中性代名詞 **en**, **y**, **le** については，そのいずれかがほぼ毎回出題されています．それぞれの用法をよく理解しておきましょう．また，**quelque chose**, **rien**, **quelqu'un**, **personne** など，不定代名詞と呼ばれるものも日常的に使用頻度の高いことばです．これもよく出題されています．
　人称代名詞について言うと，3 級で出題されるのは，目的語の形と強勢形です．特に，強勢形についてはよく出題されていますので，どのような場合に用いられるのかを確認しておきましょう．
　関係代名詞については，qui と que の区別のほか，dont と où の用法についてしっかり理解しておきましょう．

第3問 代名詞に関する問題

過去問

次の (1)～(4) の (　) 内に入れるのに最も適切なものを, それぞれ ①～③ のなかから 1 つずつ選び, 解答欄のその番号にマークしてください.

(1) Avant, Jean aimait le sport, mais maintenant il ne s'(　) intéresse plus.

　　① en　　　　② où　　　　③ y

(2) C'est le musée (　) j'ai visité dimanche dernier.

　　① dont　　　② que　　　③ qui

(3) Est-ce qu'il y a (　) à boire ?

　　① quelque chose　② quelqu'un　③ quoi

(4) Mon père est grand, mais moi, je ne (　) suis pas.

　　① la　　　　② le　　　　③ me

解答番号	解答欄		
(1)	①	②	③
(2)	①	②	③
(3)	①	②	③
(4)	①	②	③

解　説　代名詞の穴うめ問題です．中性代名詞，関係代名詞，不定代名詞が取り上げられています．中性代名詞は 2 題出題されています．

(1)「以前，ジャンはスポーツが好きだった．でも今は，もうそれに興味を持っていない．」

　動詞 intéresser は代名動詞として **s'intéresser à...** という構文をとります．名詞を繰り返すならば，il ne s'intéresse plus au sport. となり，この au sport の部分を代名詞で受けます．前置詞 à を含む名詞を受ける代名詞です．

(2)「あれがこの前の日曜日わたしが訪れた美術館です．」

　先行詞 musée はうしろからくる動詞 visiter の直接目的語になります．

(3)「何か飲み物がありますか？」

　「何か」という物を表す不定代名詞です．なお，《à＋**不定詞**》は，ここでは「〜するはずの」という意味で前の名詞を修飾する形容詞の働きをします．

(4)「わたしの父は背が高い．でも，わたしはそうではない．」

　中性代名詞 le は，être のうしろにくる無冠詞の名詞のほか，形容詞も受けます．

解　答　(1) ③　　(2) ②　　(3) ①　　(4) ②

過去問の分析と頻出事項

出題頻度が高いのは中性代名詞と関係代名詞です．不定代名詞や強勢形人称代名詞もよく出題されます．【**文法のまとめ (2)**】(p. 198) を参照してください．

1. 中性代名詞

1) 中性代名詞 **en** は《**de＋名詞**》や不定冠詞，部分冠詞の付いた名詞に代わります．

① 出発点を表す《**de＋名詞**》を受ける場合

Il est allé en France samedi dernier et il (en) est déjà revenu.
彼はこの前の土曜日フランスに行き，そしてもう戻ってきました．[Il est déjà revenu de France.]（2006 秋）

② 動詞の目的語となる《**de＋名詞**》を受ける場合

C'est un secret. Ne lui (en) parle pas.
それは秘密です．そのことを彼/彼女に話さないように．[Ne lui parle pas de ce secret.]（2007 秋）

③ 不定冠詞 des の付いた名詞に代わる場合

Des œufs ? Combien vous (en) voulez ?
卵ですか？ いくつにしましょうか？ [Combien d'œufs vous voulez ?]（2007 春）

2) 中性代名詞 **y**

y には場所の前置詞の付いた名詞を受ける用法がありますが，3 級では出題例がありません．出題されるのは専ら動詞の目的語となる《**à＋名詞**》に代わる場合です．

Pierre a reçu une lettre et il (y) a répondu tout de suite.
ピエールは手紙を受け取りそれにすぐ返事を書いた．[Il a répondu à cette lettre.]（2006春）

3) 中性代名詞 le

le は動詞 être のあとにくる形容詞や無冠詞の名詞を受けます．また不定詞，節，文などを受けることもあります．

① 無冠詞の名詞を受ける場合

　Avant, j'étais bonne étudiante, mais maintenant je ne (le) suis plus.
　以前，わたしはよい生徒でした．でも，今はそうではありません．[Je ne suis plus bonne étudiante.]（2006 秋）

② 不定詞に代わる場合

　Avant, Anne fumait. Mais le docteur (le) lui a défendu.
　以前，アンヌはタバコを吸っていました．でも先生がそれを彼女に禁じました．[Mais le docteur lui a défendu de fumer.]（2007 秋）

2. 関係代名詞

　qui と **que** のほか，**dont** と **où** が頻繁に出題されています．

1) **qui** は先行詞があとにくる動詞の主語になります．

① ce qui という組み合わせで「～するところのもの」という意味になる場合

　Il sait très bien ce (qui) m'intéresse.
　彼はわたしが興味を持っていることをとてもよく知っています．（2006 秋）

② C'est... qui... という強調構文の場合

　C'est moi (qui) t'ai appelé tout à l'heure.
　さっきあなたに電話したのはわたしです．（2009 秋）

2) **que** は先行詞があとにくる動詞の直接目的語となります．

ce que という組み合わせで「～するところのもの」という意味になる場合

　Ce (que) j'aime dans ce pays, c'est sa cuisine.
　わたしがこの国で好きなところはその料理です．（2008 春）

3) **dont** は所有を表す場合のほか前置詞 de のさまざまなニュアンスを含んでいます．

① 所有を表す場合

　J'ai une amie (dont) le frère travaille à Paris.
　わたしにはその兄／弟がパリで働いている友達がいます．[Le frère de cette amie travaille à Paris.]（2008 秋）

② 動詞の目的語をつなぐ de の場合

　　Ah, voilà la dame (dont) je vous ai parlé tout à l'heure.
　　ああ，あそこにさっきあなたにその人のことを話したご婦人がいます．[Je vous ai parlé de cette dame.]〔parler de...「～について話す」〕（2007 春）

4) **où** は，場所あるいは時を表すことばを先行詞としてとり，副詞的に使われます．

　　Voici la maison (où) il a passé son enfance.
　　これが，彼が少年時代を過ごした家です．[Il a passé son enfance dans cette maison.]
　　〔場所〕（2007 秋）

3. 不定代名詞

頻繁に出題されるのは以下のようなものです．

1) 人について言う場合，**quelqu'un**（だれか）が肯定で，**ne... personne**（だれも～ない）が否定になります．

　　À Londres, tu habitais avec (quelqu'un) ?
　　ロンドンで君はだれかといっしょに住んでいたの？（2009 秋）

　　(Personne) n'est venu me voir ce matin ?
　　今朝だれもわたしに会いに来なかった？（2008 春）

2) 物について言う場合は，**quelque chose**（何か）が肯定で，**ne... rien**（何も～ない）が否定になります．

　　Est-ce qu'il y a (quelque chose) à boire ?
　　何か飲み物がありますか？（2009 春）

3) 上記以外では **tout**（すべて）の出題例があります．

　　Ils ont (tout) compris.　彼らはすべて理解した．（2007 春）

4. 強勢形人称代名詞

前置詞のあとや比較の que のあとで使う用法がしばしば出題されています．

1) 動詞 présenter とともに

　　Tu peux me présenter à (elle) ?　わたしを彼女に紹介してくれますか？（2008 春）

2) penser à... のあとで

　　Et tes parents ? Il faut penser à (eux).
　　でご両親は？ 彼らのことを考える必要がありますよ．(2007 秋)

3) 比較の que のあとで

　　Mon frère a dépensé plus d'argent que (moi).
　　わたしの兄/弟はわたしよりたくさんお金を使った．(2006 春)

4) 肯定命令形のあとで（目的語人称代名詞の me, te が moi, toi になったもの）

　　Dites-(moi) pourquoi vous avez fait ça.
　　あなたがなぜそうしたのか言ってください．(2008 春)

5. 目的語人称代名詞

直接目的および間接目的の人称代名詞が時おり出題されます．

1) 直接目的人称代名詞

　　François a acheté des roses pour (les) offrir à Jeanne.
　　フランソワはバラを買ってジャンヌにプレゼントした．(2008 秋)

2) 間接目的人称代名詞

　　Je (lui) ai serré la main.　わたしは彼/彼女と握手した．(2009 秋)

6. 疑問代名詞

疑問代名詞 **quoi** と，性数の変化がある **lequel**（**laquelle** など）が時おり出題されます．

1) 疑問代名詞 **quoi**（前置詞のあとで使われる．）

　　De (quoi) parles-tu ? 何のことを話しているの？(2008 秋)

2) 疑問代名詞 **lequel, laquelle, lesquels, lesquelles**（性数の変化があり，選択を表す．）

　　Nous avons de belles cravates. (Laquelle) choisissez-vous ?
　　美しいネクタイがございます．どれをお選びになりますか？〔Laquelle は cravate を受けるので女性単数形〕(2009 秋)

第 3 問　代名詞に関する問題

類題 1

次の (1)〜(6) の (　) 内に入れるのに最も適切なものを，それぞれ ①〜③ のなかから 1 つずつ選び，解答欄のその番号にマークしてください．

(1)　Je suis courageux mais ils ne (　　) sont pas.

　　① le　　　　　② les　　　　　③ leur

(2)　Je voudrais des oranges, (　　) avez-vous ?

　　① en　　　　　② les　　　　　③ y

(3)　Ma mère et (　　) chantent ensemble.

　　① le sien　　　② la tienne　　③ le vôtre

(4)　Qui est à l'appareil ? — C'est (　　).

　　① je　　　　　② me　　　　　③ moi

(5)　Rassure-(　　), ce n'est pas important.

　　① toi　　　　　② tu　　　　　③ vous

(6)　Tu ne me caches (　　) ? Il faut dire la vérité.

　　① personne　　② quelque chose　③ rien

解答番号	解　答　欄
(1)	① ② ③
(2)	① ② ③
(3)	① ② ③
(4)	① ② ③
(5)	① ② ③
(6)	① ② ③

51

解説 代名詞の穴うめ問題です．中性代名詞，不定代名詞，強勢形人称代名詞，再帰代名詞，所有代名詞が取り上げられています．ごく基本的なものとややむずかしいのが混じっています．

(1) 「私は勇気があるが，彼らはそうではない．」
　　中性代名詞の le は名詞だけでなく形容詞を受けることができます．中性代名詞なので性数の変化はありません．つられて ② を選ばないようにしましょう．

(2) 「オレンジがほしいのですが，ありますか？」
　　目的語 oranges を受ける代名詞ですが，定冠詞ではなく不定冠詞 des が付いていることに注意してください．

(3) 「わたしの母と君のお母さんがいっしょに歌っている．」
　　所有代名詞です．受ける名詞と性数が一致した形を選びます．この場合は mère ですから女性単数です．

(4) 「どなた様ですか？ ― わたしです．」電話での会話です．
　　c'est のあとでは，人称代名詞は強勢形を使います．

(5) 「安心しなさい．大したことではありません．」
　　代名動詞肯定命令形です．再帰代名詞は動詞のあとに置かれます．倒置疑問形と混同しないでください．代名動詞の 2 人称単数形は，平叙文なら，tu te rassures となりますが，肯定命令形の場合は，te が toi に変わります．

(6) 「お前，何かを隠していないかい？　本当のことを言わないといけないよ．」
　　ne があることに注意してください．否定です．だとすれば，② は排除されます．① か ③ ですが，「隠している」対象が，人か物かを考えます．

解答 (1) ①　　(2) ①　　(3) ②　　(4) ③　　(5) ①　　(6) ③

類題 2

次の (1)〜(6) の (　　) 内に入れるのに最も適切なものを，それぞれ ①〜③ のなかから 1 つずつ選び，解答欄のその番号にマークしてください.

(1) Il a le premier prix et il (　　) est content.

  ① en   ② lui   ③ y

(2) Il y a (　　) qui te demande, je ne sais pas qui c'est.

  ① personne   ② quelque chose   ③ quelqu'un

(3) La question est grave. Je vais (　　) réfléchir.

  ① en   ② la   ③ y

(4) Nous aimons naturellement (　　) qui nous aiment.

  ① ce   ② celui   ③ ceux

(5) Tu n'aimes ni le sport, ni la musique, ni le cinéma. À (　　) tu t'intéresses ?

  ① que   ② qui   ③ quoi

(6) Voilà le restaurant (　　) je vous ai parlé.

  ① dont   ② que   ③ où

解答番号	解　答　欄		
(1)	①	②	③
(2)	①	②	③
(3)	①	②	③
(4)	①	②	③
(5)	①	②	③
(6)	①	②	③

解説 代名詞の穴うめ問題です．中性代名詞，関係代名詞，不定代名詞，疑問代名詞，指示代名詞が取り上げられています．まぎらわしい選択肢があります．代名詞のそれぞれの用法について確実に覚えましょう．

(1)「彼は 1 等賞です．彼はそのことに満足しています．」
　　後半は il est content de cela というように置き換えられます．de cela の部分を受ける代名詞です．cela は文章の前半を指していると考えるべきでしょう．
(2)「だれかが君を呼んでいます．だれだかわからないけれど．」
　　「だれか」を意味する不定代名詞を入れます．personne は **ne… personne** という形で「だれも〜ない」という意味になります．
(3)「その問題は重大です．それについてよく考えてみましょう．」
　　名詞を繰り返してあとの文章を書き換えると，Je vais réfléchir à la question. となります．前置詞 à を含む代名詞です．
(4)「わたしたちは，当然，わたしたちを愛してくれる人々を愛する．」
　　性数の変化がある指示代名詞は，関係代名詞の先行詞となって人を表します．この場合は意味からして男性複数形になります．
(5)「君はスポーツも音楽も映画も好きではない．何に興味があるの？」
　　前置詞のあとで使う疑問代名詞の形です．この場合は人ではなく物を指していますが，que は使えません．
(6)「あれが，私があなたに話したレストランです．」
　　関係代名詞の問題です．先行詞が le restaurant であることは明らかですが，どの選択肢を選ぶかは，次にくる動詞との関係によります．動詞 parler は **parler de…**（〜について話す）という構文をとりますので，前置詞 de の意味を含む関係代名詞を選びます．つられて ③ を選ばないようにしましょう．

解答 (1) ①　(2) ③　(3) ③　(4) ③　(5) ③　(6) ①

類題 3

次の (1)〜(6) の (　) 内に入れるのに最も適切なものを，それぞれ ①〜③ のなかから 1 つずつ選び，解答欄のその番号にマークしてください．

(1) A-t-elle répondu à cette lettre ?
— Oui, elle (　) a répondu.
　① en　　② lui　　③ y

(2) À (　) penses-tu ?
— Je pense à mon projet de voyage.
　① quel　　② qui　　③ quoi

(3) Ne (　) inquiète pas tant.
　① s'　　② t'　　③ vous

(4) Tu n'as (　) à manger ? J'ai très faim.
　① pas　　② quelque chose　　③ rien

(5) Tu te souviens de l'année (　) nous nous sommes connus ?
　① dont　　② où　　③ quand

(6) Vient-il de cette ville ? — Oui, il (　) vient.
　① en　　② lui　　③ y

解答番号	解 答 欄
(1)	① ② ③
(2)	① ② ③
(3)	① ② ③
(4)	① ② ③
(5)	① ② ③
(6)	① ② ③

55

[解説] 代名詞の穴うめ問題です．中性代名詞，関係代名詞，不定代名詞，再帰代名詞，疑問代名詞が取り上げられています．いずれも基本的なものばかりです．

(1)「彼女はその手紙に返事を書きましたか？ — はい，返事を書きました．」
　　à cette lettre を何で受けるかを考えます．間接目的なので ② が考えられますが，人ではありませんので lui は使えません．《à＋名詞》を受ける中性代名詞を使います．
(2)「何のことを考えているの？ — 旅行の計画のことです．」
　　② と ③ が考えられます．人のことをたずねているのか，それとも事柄についてたずねているのかを，答えのほうから推測します．
(3)「そんなに心配しないで．」
　　代名動詞の否定命令形です．肯定命令形とは逆で，再帰代名詞は動詞の前に置かれます．人称は何かを考えましょう．
(4)「食べるもの何もないの？　腹ぺこだよ．」
　　疑問文が否定であることに注意しましょう．② は使えません．また，つられて ① を選ばないようにしましょう．
(5)「私たちが知りあった年のことを覚えている？」
　　関係代名詞 où は場所を表すことばを先行詞にとる場合と，時を表すことばを先行詞にとる場合があります．
(6)「彼はその町の出身ですか？／彼はその町から来たのですか？ — ええ，そうです．」
　　de la ville の部分を受ける中性代名詞です．

[解答]　(1) ③　(2) ③　(3) ②　(4) ③　(5) ②　(6) ①

第4問
前置詞に関する問題

　前置詞の穴うめ選択問題は定番問題の1つです．フランス語学習の上で基本的な事項ですから，ふだんの勉強において十分準備しておきましょう．問題を内容的に見ると，前置詞そのものの用法を問うものと，他の語句との関連で前置詞を選ぶものとがあります．形式としては，問題数4に対して選択肢は6です．配点は8点です．

　主要な前置詞の数は限られています．最も重要な **à, de** のほか，**dans, en, par, pour, sur, sous** などがよく出題されています．これにさらに付け加えるとすると，**avant, après, pendant, entre, vers, depuis, jusqu'à, chez, avec, sans, contre** などでしょう．ただし，頻繁に使われる前置詞ほどさまざまな用法を持っています．微妙な区別が必要な場合もありますので，主なものについては用法を確認しておきましょう．

　他の語句との関連で前置詞を選ぶ問題については，主要な成句，熟語のたぐいを日ごろから努めて記憶するように心がけるとともに，動詞や形容詞で特定の前置詞を従えるものに注意を払う必要があります．特に，動詞のあとに不定詞や目的語が続く構文で，間に使われる前置詞は動詞によって決まっていますから，一度整理して覚えておきましょう．（→【覚えましょう(2)】p. 212）

過去問

次の (1)〜(4) の (　) 内に入れるのに最も適切なものを，下の ①〜⑥ のなかから 1 つずつ選び，解答欄のその番号にマークしてください．ただし，同じものを複数回用いることはできません．なお，①〜⑥ では文頭にくるものも小文字にしてあります．

(1)　Frappez (　　　) d'entrer.

(2)　Il est allé en France (　　　) combien de temps ?

(3)　Vous pouvez me laisser seul (　　　) lui ?

(4)　(　　　) quelle couleur est ta voiture ?

　　① avant　　　② avec　　　③ de

　　④ entre　　　⑤ par　　　⑥ pour

第4問 前置詞に関する問題

解説 前置詞の穴うめ問題です．前置詞そのものの用法を問う問題のほか，決まった言い回しのなかに使われている前置詞を問うものとがあります．

(1)「入る前にノックしてください．」
　　avant は次に名詞がくる場合は直接名詞を従えますが，次に動詞がくる場合は《**avant de**＋**不定詞**》という形をとり，「～する前に」という意味になります．

(2)「どのくらいの予定で彼はフランスに行ったのですか？」
　　予定の期間を表す前置詞です．疑問詞が文のうしろにきているのは会話調の疑問文だからです．

(3)「わたしを彼と 2 人きりにしてくれますか？」
　　seul（1 人）ということばに惑わされないようにしましょう．seul avec... で，その人とだけいるという意味を表します．なお，この場合，**Vous pouvez...** は許可を求める言い方です．

(4)「君の車は何色ですか？」
　　これは決まった言い方です．つなぎのことばとして最初に de が必要です．英語では *What color* is your car？で，前置詞がいりません．区別して覚えておいてください．

解答 (1) ①　　(2) ⑥　　(3) ②　　(4) ③

過去問の分析と頻出事項

前置詞のなかでは à と de と en が最も頻繁に出題されています．これに続くのは，avec, par, pour, dans, sur などです．

1. 前置詞 à, de, en

1) **à**（時刻を表す場合）

    Ce soir, on dînera (à) huit heures.　今晩は 8 時に夕食にしましょう．（2009 春）

2) **à**（所属を表す場合）

    Ce stylo est (à) mon père.　この万年筆は父のものです．（2007 春）

3) **de**（出発点を表す場合）

    Elle a tiré (de) sa poche une petite boîte de chocolats.
    彼女はポケットからチョコレートの小さな箱を取り出した．（2006 秋）

4) **de**（形容詞と動詞をつなぐ場合）

    Je suis heureux (de) revoir mon vieil ami.
    旧友に再会して幸せです．（2007 秋）

5) **de**（名詞と名詞をつなぐ場合）

    Il a pris un mois (de) vacances.　彼は 1 か月の休暇をとった．（2009 秋）

6) **en**（手段・方法を表す場合）

    Vous pouvez payer (en) euro.　ユーロで支払うことができます．（2007 秋）

7) **en**（材料を表す場合）

    Nous avons acheté des chaises (en) bois.
    わたしたちは木製の椅子を買いました．（2009 春）

8) **en**（成句的表現で使われる場合）

    Ma mère est (en) bonne santé.　母は元気にしています．（2009 秋）

2. 前置詞 avec, par, pour, sans

1) **avec**（同意を表す場合）

   Je suis d'accord (avec) toi.　わたしはあなたに賛成です。（2006 春）

2) **avec**（手段・用具を表す場合）

   On mange ce plat (avec) une cuillère.
   この料理はスプーンで食べます。（2007 春）

3) **par**（手段を表す場合）

   Nous partirons demain (par) le premier train.
   わたしたちは明日 1 番列車で出発します。（2006 秋）

4) **par**（経由を表す場合）

   Il est allé à Osaka en passant (par) Tokyo.
   彼は東京経由で大阪に行きました。（2008 春）

5) **pour**（相関的な言い回しのなかで用いられる場合）

   Ton fils est assez grand (pour) sortir tout seul.
   あなたの息子は 1 人で外出できるほど十分大きい。〔assez... pour＋不定詞〕（2009 秋）

6) **sans**（次に不定詞をとる場合）

   Partons (sans) attendre Marianne.
   マリアンヌを待たずに出発しましょう。（2006 春）

3. 場所を表す前置詞

1) **dans**（～の中に）

   Aujourd'hui, il y a beaucoup de gens qui marchent (dans) la rue.
   今日は大勢の人が通りを歩いている。（2007 秋）

2) **sur**（～の上に）

   Qu'est-ce qu'on voit (sur) la photo ?
   写真に写っているのは何ですか？（2009 春）

3) **sous**（～の下に）

   Tu veux marcher (sous) la pluie ?　君は雨のなかを歩くつもり？（2006 春）

4) **devant**（～の前に）

   Ne dites pas ça (devant) vos enfants.
   子供の前でそんなことを言ってはいけません。（2006 秋）

5) **entre**（〜の間に，〜の間の）

   Quelle est la différence (entre) ces deux fromages ?
   この 2 つのチーズの違いは何なのですか？（2006 秋）

6) **vers**（〜の方に）

   Tout le monde court (vers) la porte.
   みんなが戸口のほうに殺到する．（2008 春）

4. 時を表す前置詞

1) **après**（〜の後に）

   Rendez-moi ce livre (après) les vacances.
   この本，休み明けに返してください．（2007 春）

2) **pendant**（〜の間中）

   Il y a beaucoup de gens qui dorment (pendant) le concert.
   コンサートの間に眠る人がたくさんいます．（2008 春）

3) **entre**（〜の間に）

   Prenez ce médicament (entre) les repas.
   食間にこの薬を飲んでください．（2009 春）

62　第 4 問　前置詞に関する問題

類題 1

次の (1)〜(4) の (　) 内に入れるのに最も適切なものを，下の ①〜⑥ のなかから 1 つずつ選び，その番号を書いてください．ただし，同じものを複数回用いることはできません．

(1)　Il a appris (　　) conduire pendant les vacances.
(2)　Je vais au cinéma une fois (　　) semaine.
(3)　Marie est très fière (　　) son fils.
(4)　Paul s'est marié (　　) Françoise.

　　① à　　　　② avec　　　③ de
　　④ en　　　⑤ par　　　　⑥ sur

類題 2

次の (1)〜(4) の (　) 内に入れるのに最も適切なものを，下の ①〜⑥ のなかから 1 つずつ選び，その番号を書いてください．ただし，同じものを複数回用いることはできません．

(1)　Cela se passait (　　) la Révolution.
(2)　J'aime voyager (　　) le train.
(3)　Je ne suis jamais entré (　　) cette chambre.
(4)　J'habite à Paris (　　) vingt ans.

　　① chez　　② dans　　　③ depuis
　　④ par　　　⑤ sous　　　⑥ sur

類題 1 **解説** 前置詞の穴うめ問題です．(2) 以外は，動詞や形容詞と前置詞が決まった言い回しを作っています．
(1)「彼は休み中に運転を習った．」
　「～することを習う／教える」という場合，apprendre は前置詞として何をとるでしょうか．《動詞＋不定詞》の構文で間に入る前置詞は動詞によって決まっています．一度整理しておきましょう（→【覚えましょう (2)】p. 212）．
(2)「わたしは週に 1 回映画に行きます．」
　「週に 1 回」という言い方です．似たような表現に，定冠詞を使った cinq euros le kilo「1 キロにつき 5 ユーロ」というような言い方がありますが，この場合は使えません．
(3)「マリーは息子のことをたいへん自慢している．」
　形容詞のなかには，次の補語を従えるときに特定の前置詞をとるものがあります．fier (fière) はその代表的な例です．
(4)「ポールはフランソワーズと結婚した．」
　「～と結婚する」というとき，se marier のあとにくる前置詞は avec となります．

解答　(1) ①　　(2) ⑤　　(3) ③　　(4) ②

類題 2 **解説** 前置詞の穴うめ問題です．(2) を除き，前置詞そのものの用法が問われています．
(1)「それは大革命の時期に起こりました．」
　前置詞 sous は，普通は場所を表し，「～の下に」という意味ですが，ほかに時間を表す用法があり，ある歴史的な時代を指して「～の時代に」という意味になる場合があります．
(2)「わたしは列車で旅行をするのが好きです．」
　en train と言っても同じですが，ここでは定冠詞が付いていますので使えません．
(3)「わたしはこの部屋に一度も入ったことがない．」
　「中に入る」のですから，明らかですね．
(4)「わたしは 20 年来パリに住んでいます．」
　過去のある時点から現在までを指して，「～以来，～から」という意味を表す前置詞です．なお，過去から現在まで続いている行為を表す場合，フランス語では現在時制を使います．

解答　(1) ⑤　　(2) ④　　(3) ②　　(4) ③

類題 3

次の (1)〜(4) の (　) 内に入れるのに最も適切なものを，下の ①〜⑥ のなかから１つずつ選び，その番号を書いてください．ただし，同じものを複数回用いることはできません．

(1) Ici, il pleut souvent (　) été.
(2) J'ai pris un billet (　) Marseille.
(3) Le train arrivera (　) un quart d'heure.
(4) Mon oncle n'a pas eu assez (　) temps pour tout voir.

　　① dans　　② de　　③ en
　　④ par　　⑤ pour　　⑥ sur

類題 4

次の (1)〜(4) の (　) 内に入れるのに最も適切なものを，下の ①〜⑥ のなかから１つずつ選び，その番号を書いてください．ただし，同じものを複数回用いることはできません．

(1) Il faut combattre (　) courage.
(2) Les prix ont augmenté de dix (　) cent.
(3) Mes parents sont (　) voyage.
(4) Tu as raison (　) ce point.

　　① avec　　② dans　　③ en
　　④ par　　⑤ pour　　⑥ sur

類題 3 **解説** 前置詞の穴うめ問題です．これはやさしいでしょう．
(1)「ここでは，夏に雨が降ります．」
　　季節名に付く前置詞は，「春」(au printemps) を除きすべて en です．
(2)「わたしはマルセイユ行きの切符を買いました．」
　　目的地，方向を示す前置詞です．
(3)「列車は15分後に到着します．」
　　dans は時を表す場合は「今から～後に」という意味になります．**un quart** は「4 分の1」ですから，**un quart d'heure** は「15 分」です．
(4)「おじさんは，すべてを見るのに十分な時間がなかった．」
　　beaucoup, un peu, assez, trop など，数量を表す副詞の後に名詞を続ける場合は間に de を置きます．**assez... pour** という相関語句に注目しましょう．

解答 (1) ③　(2) ⑤　(3) ①　(4) ②

類題 4 **解説** 前置詞の穴うめ問題です．成句的な表現と前置詞そのものの用法を問う問題が混じっています．
(1)「勇気を持って戦わなければならない．」
　　avec は無冠詞の抽象名詞と組み合わされて，慣用句を作り副詞的に使われます．
(2)「物価が 10 パーセント上がった．」
　　百分率（パーセント）をフランス語で何と言うでしょうか．この場合の pour は「～につき」という比率を表します．
(3)「わたしの両親は旅行中です．」
　　en は次に無冠詞の名詞を従えて，ある状態を表します．
(4)「この点に関して，君は正しい．」
　　「～について」，「～に関して」という主題・論点を示す前置詞です．

解答 (1) ①　(2) ⑤　(3) ③　(4) ⑥

類題 5

次の (1)〜(4) の (　) 内に入れるのに最も適切なものを，下の ①〜⑥ のなかから1つずつ選び，その番号を書いてください．ただし，同じものを複数回用いることはできません．

(1) Il a été puni (　) sa faute.

(2) Le train est direct (　) Paris jusqu'à Bordeaux.

(3) Tout le monde a voté (　) le projet.

(4) Venez (　) onze heures et midi.

① contre　② depuis　③ entre
④ pour　⑤ sur　⑥ vers

類題 6

次の (1)〜(4) の (　) 内に入れるのに最も適切なものを，下の ①〜⑥ のなかから1つずつ選び，その番号を書いてください．ただし，同じものを複数回用いることはできません．

(1) Deux personnes (　) trois se sont trompées.

(2) Il est aimé (　) tout le monde.

(3) Il est fort (　) français.

(4) Il faut que je travaille (　) vivre.

① à　② de　③ en
④ par　⑤ pour　⑥ sur

類題 5 解説　前置詞の穴うめ問題です．答えの可能性が 2 つある問題が並んでいます．少しむずかしいです．
(1)「彼は過ちのために罰せられた．」
　　「〜ために，〜のせいで」という原因・理由を表すときの前置詞です．
(2)「列車はパリからボルドーまで直通です．」
　　まず，de が考えられると思いますが，選択肢にありません．また，jusqu'à との関連で，entre は使えません．depuis は時間だけでなく，出発点を表すときにも使うことを思い出してください．
(3)「全員がその計画に反対の投票をした．」
　　賛成・反対を表す pour と contre が考えられますが，pour は (1) で使いますので，contre のほうを選択します．
(4)「11 時から正午の間に来てください．」
　　vers を使いたくなるかも知れませんが，et midi とありますので，つながらなくなります．「〜の間に」という意味の前置詞を入れます．

解答　(1) ④　　(2) ②　　(3) ①　　(4) ③

類題 6 解説　前置詞の穴うめ問題です．(3) 以外は，前置詞そのものの用法が問われています．
(1)「3 人のうち 2 人が間違えた．」
　　「〜につき」という比率を表す前置詞です．
(2)「彼は皆から愛されています．」
　　受動態の動作主補語を導く前置詞は par と de ですが，どちらになるかは動詞によって決まります．
(3)「彼はフランス語が得意です．」
　　être fort(e) en... は「〜が得意である」という意味の言い回しです．
(4)「わたしは生きていくために働かなくてはならない．」
　　《**pour＋不定詞**》は「〜するために」という目的を表します．

解答　(1) ⑥　　(2) ②　　(3) ③　　(4) ⑤

第5問
語順並べかえ問題

　語順の並べかえによる仏文完成問題が，毎年出題されています．単語が5つ選択肢にあたえられていて，これを並べかえて空欄に入れ，意味の通る文にします．解答は3番目の（　）に入れる選択肢の番号で答えます．毎回4題出題され，配点は8点です．

　単語を眺めて，そのつながりを見抜き，文を組み立てます．日本語は添えられていませんので，厳密には仏作文ではありませんが，構文力を見るという点では同じねらいがあります．まず，主語，動詞，目的語といった文の基本構造を把握することが大切です．フランス語には6つの文型 (p. 205) がありますが，それがどのようなものであったか，もう一度確認しておいてください．

　過去の出題例では，使役動詞や知覚動詞の構文，動詞が目的語と不定詞を同時にとる場合がよく出題されています．このほか，間接疑問文，関係代名詞を使った構文や非人称の構文もよく出題されています．**【文法のまとめ (3)】** (p. 205) を参照してください．

過去問

例にならい，次の (1)〜(4) において，それぞれ ①〜⑤ をすべて用いて文を完成したときに，(　) 内に入るのはどれですか．①〜⑤ のなかから 1 つずつ選び，解答欄のその番号にマークしてください．

例：Je finis ＿＿ ＿＿ (　) ＿＿ ＿＿ possible.
　　　① le　② mon　③ plus　④ travail　⑤ vite

Je finis <u>mon</u> <u>travail</u> (<u>le</u>) <u>plus</u> <u>vite</u> possible.
　　　　　②　　④　　　①　　③　　⑤

となり，②④①③⑤ の順なので，(　) 内に入るのは ①．

(1) Elle a ＿＿ ＿＿ (　) ＿＿ ＿＿ de la banque.
　　① en　② mari　③ rencontré　④ son　⑤ sortant

(2) Il ＿＿ ＿＿ (　) ＿＿ ＿＿ n'est pas là.
　　① demande　② mère　③ pourquoi　④ sa　⑤ se

(3) Je ne crois ＿＿ ＿＿ (　) ＿＿ ＿＿.
　　① ce　② pas　③ possible　④ que　⑤ soit

(4) Voici le village ＿＿ ＿＿ (　) ＿＿ ＿＿ vacances.
　　① allons　② nos　③ nous　④ où　⑤ passer

解答番号	解　答　欄
(1)	① ② ③ ④ ⑤
(2)	① ② ③ ④ ⑤
(3)	① ② ③ ④ ⑤
(4)	① ② ③ ④ ⑤

第 5 問　語順並べかえ問題

解説　語順の並べかえによる仏文完成問題です．選択肢を眺めてみて，どのようなことを言おうとしているのかを考えます．文の構造が見えてくればしめたものです．

(1) Elle a rencontré son (mari) en sortant de la banque.
　　　彼女は銀行から出てきたとき夫に出くわした．

　ジェロンディフ《**en**＋**現在分詞**》が使われていることに気づけば構文が見えてくるでしょう．ジェロンディフの主語は常に主文の主語になります．つまり，銀行から出てきたのは「夫」ではなく「彼女」です．

(2) Il se demande (pourquoi) sa mère n'est pas là.
　　　彼は，なぜ母がいないのかと不思議に思う．

　間接疑問の構文です．疑問詞の pourquoi が従属節を導きます．主節の動詞 se demander は代名動詞で「自問する，不思議に思う」という意味です．

(3) Je ne crois pas que (ce) soit possible.
　　　わたしはそんなことはあり得ないと思う．

　動詞 croire の後に接続詞 que によって導かれる名詞節が続く構文です．主節が否定なので，従属節中の動詞が接続法になります．

(4) Voici le village où nous (allons) passer nos vacances.
　　　これが，わたしたちが休暇を過ごす予定の村です．

　関係代名詞 où を使った構文です．先行詞は le village です．

解答　(1) ②　　(2) ③　　(3) ①　　(4) ①

過去問の分析と頻出事項

使役動詞や知覚動詞の構文と間接疑問文が特によく出題されています．
〔例文中の（　）は，実際の試験で並べ替えの問題となった箇所です．〕

1. 使役動詞と知覚動詞の構文

　使役 (**faire**)，放任 (**laisser**) と知覚 (**voir**, **entendre** など) を表す動詞に不定詞が続く構文がしばしば出題されています．目的語と不定詞の位置関係に注意が必要です．

1) 《**faire**＋不定詞＋直接目的語》

　　Le vent (a fait voler les feuilles) mortes.
　　　風で枯れ葉が吹き飛ばされた．（2007 秋）

2) 《直接目的人称代名詞＋**laisser**＋不定詞》

　　J'espère (que ses parents le laisseront) partir.
　　　わたしは彼の両親が彼を出発させてくれることを期待します．（2007 春）

3) 《**知覚動詞**＋直接目的語＋不定詞》

　　De cette fenêtre, on (voit des bateaux aller et) venir.
　　　この窓から，船が行ったり来たりするのが見えます．（2007 春）

4) 《直接目的人称代名詞＋**知覚動詞**＋不定詞》

　　Hier, je (vous ai vu entrer dans) ce restaurant.
　　　昨日，あなたがこのレストランに入るのを見ました．（2006 春）

　以上 1)～4) は過去問の分析です．原則は【文法のまとめ (3)】(p. 205) を参照してください．

2. 間接話法と間接疑問文

　間接話法の文，特に間接疑問文がよく出題されています．

1) 平叙文は主節と従属節を **que** でつなぎます．

　　Il a (dit que son père avait) habité au Japon.
　　　彼は父親が日本に住んでいたことがあると言いました．（2009 春）

2) 疑問詞を使う疑問文はその疑問詞で主節と従属節をつなぎます．間接疑問の場合，従属節中では原則として主語と動詞は倒置しません．

    Tu (sais avec qui elle est) sortie hier?
        彼女が昨日だれといっしょに外出したのか知っていますか？（2006 秋）

3) 命令文の間接話法

    Elle (lui a dit de venir) avant midi.
        彼女は彼に昼までに来るように言いました．〔直接話法 → Elle lui a dit : « Viens / Venez avant midi. »〕（2007 秋）

    Le professeur (demande aux étudiants de nettoyer) la salle.
        先生は生徒たちに部屋を掃除するように頼みます．〔直接話法 → Le professeur demande aux étudiants : « Nettoyez la salle ! »〕（2008 秋）

3. 《動詞＋de＋不定詞》の構文

    J'ai (oublié de te dire le) prix de la robe.
        わたしはワンピースの値段を君に言うのを忘れました．（2006 春）

    Le beau temps (lui a permis de faire une) promenade.
        晴天だったので彼／彼女は散歩することができた．（2006 秋）

  その他の《動詞＋不定詞》の構文については，【覚えましょう (2)】(p. 212) を参照してください．

4. 比較級と最上級の構文

1) 劣等比較級《**moins**＋形容詞／副詞＋**que**…》

    Ma mère (vient me voir moins souvent) qu'avant.
        母は前ほどしばしば私に会いに来ません．（2006 春）

2) 同等比較級《**autant de**＋名詞＋**que**…》

    Je n'ai jamais (reçu autant de cadeaux que) cette année.
        今年ほどたくさんプレゼントをもらった年はありません．（2007 春）

3) 最上級《**定冠詞**＋**plus**＋形容詞／副詞＋**de**…》

    Quelle est la (question la plus difficile de) cet examen?
        その試験で1番むずかしい問題はどれですか？〔名詞の前後に定冠詞が2度繰り返される．〕（2008 春）

5. 非人称構文

1) 《**Il faut que**＋接続法》

　　Il (faut que tu y ailles) tout de suite.
　　　君は直ちにそこに行かなければならない．（2007 春）

2) 《**Il est**＋形容詞＋**de**＋不定詞》

　　Il est (facile de conduire cette petite) voiture.
　　　この小型車を運転するのはやさしい．（2008 秋）

6. その他

1) 《**tout**＋定冠詞＋名詞》

　　Son fils étudie plus (de neuf heures tous les) jours.
　　　彼／彼女の息子は毎日 9 時間以上勉強します．（2007 秋）

2) 2 つの目的語をとる動詞の構文

《間接目的人称代名詞＋動詞＋直接目的語》

　　Tu (ne lui as pas montré) le bon chemin.
　　　君は彼／彼女に正しい道を教えなかった．（2009 春）

3) 関係代名詞の構文

　　Tu connais (le garçon qui parle avec) tes sœurs ?
　　　君は君の姉妹と話している男の子を知っていますか？（2008 秋）

第5問 語順並べかえ問題

類題 1

次の (1)～(4) において，それぞれ ①～⑤ をすべて用いて文を完成したときに，（ ）内に入るのはどれですか．①～⑤ のなかから 1 つずつ選び，解答欄のその番号にマークしてください．

(1) Ça fait ＿＿ ＿＿ （ ） ＿＿ ＿＿ est parti.

　　① déjà　② heures　③ Pierre　④ que　⑤ trois

(2) Il ＿＿ ＿＿ （ ） ＿＿ ＿＿ Marie.

　　① convaincre　② de　③ difficile　④ est　⑤ très

(3) Je lui ai ＿＿ ＿＿ （ ） ＿＿ ＿＿ pour résoudre ce problème.

　　① a　② comment　③ demandé　④ fait　⑤ il

(4) Nous ＿＿ ＿＿ （ ） ＿＿ ＿＿ réussir.

　　① efforts　② faisons　③ nos　④ pour　⑤ tous

解答番号	解答欄				
(1)	①	②	③	④	⑤
(2)	①	②	③	④	⑤
(3)	①	②	③	④	⑤
(4)	①	②	③	④	⑤

[解説] 語順の並べかえによる仏文完成問題です．フランス語には，熟語的表現のほかに，さまざまな場合に応じた決まった言い回しというのがありますから，これらをできるだけ多く記憶しておくことがこの種の問題を解答するときの助けになります．

(1) Ça fait déjà trois (heures) que Pierre est parti.
　　　ピエールが出発してからすでに3時間になる．
《**Ça fait**＋**期間**＋**que…**》は「～してから～になる」という経過した期間を表す言い回しです．

(2) Il est très (difficile) de convaincre Marie.
　　　マリーを説得するのはとてもむずかしい．
《**Il est**＋形容詞＋**de**＋不定詞》という定型的な非人称構文です．

(3) Je lui ai demandé comment (il) a fait pour résoudre ce problème.
　　　わたしは彼にこの問題を解決するのにどのようにしたのかとたずねました．
間接疑問文です．直接話法ならば，Je lui ai demandé : « Comment as-tu / avez-vous fait pour résoudre ce problème ? » となります．

(4) Nous faisons tous (nos) efforts pour réussir.
　　　われわれは成功するように全力を尽くします．
不定形容詞の tout (toute, tous, toutes) は，普通の形容詞の場合と異なり，定冠詞や所有形容詞の前に置かれることに注意してください．

[解答] (1) ②　　(2) ③　　(3) ⑤　　(4) ③

第 5 問　語順並べかえ問題

類題 2

次の (1)〜(4) において，それぞれ ①〜⑤ をすべて用いて文を完成したときに，(　) 内に入るのはどれですか．①〜⑤ のなかから 1 つずつ選び，解答欄のその番号にマークしてください．

(1) C'est ＿＿＿ ＿＿＿ (＿＿＿) ＿＿＿ ＿＿＿ partout.

　　① ce　② dont　③ film　④ on　⑤ parle

(2) Je lui ＿＿＿ ＿＿＿ (＿＿＿) ＿＿＿ ＿＿＿ avec nous.

　　① ai　② demandé　③ elle　④ si　⑤ viendrait

(3) Permettez-moi ＿＿＿ ＿＿＿ (＿＿＿) ＿＿＿ ＿＿＿ .

　　① de　② femme　③ ma　④ présenter　⑤ vous

(4) Sa maison ＿＿＿ ＿＿＿ (＿＿＿) ＿＿＿ ＿＿＿ feu.

　　① a　② détruite　③ été　④ le　⑤ par

解答番号	解　答　欄
(1)	① ② ③ ④ ⑤
(2)	① ② ③ ④ ⑤
(3)	① ② ③ ④ ⑤
(4)	① ② ③ ④ ⑤

解説 語順の並べかえによる仏文完成問題です．文法的な知識を問うものと熟語的表現に関する知識を問う問題とが混じっています．

(1) C'est ce film (dont) on parle partout.
　　これがいたるところで評判のその映画です．

　関係代名詞の dont を使った構文です．dont on parle は「人がそれについて話している」という意味ですが，転じて「うわさの，評判の」という意味になる言い回しとして覚えておきましょう．

(2) Je lui ai demandé (si) elle viendrait avec nous.
　　私は彼女にいっしょに来るかどうかたずねました．

　間接疑問文です．主節と従属節をつなぐのは接続詞の si です．直接話法なら Je lui ai demandé : « Tu viendras / Vous viendrez avec nous ? » となります．

(3) Permettez-moi de vous (présenter) ma femme.
　　妻を紹介させていただきます．

　《**permettre à**＋人＋**de**＋不定詞》「～に～することを許す」という構文と **présenter A à B**「B に A を紹介する」という構文が組み合わされています．

(4) Sa maison a été (détruite) par le feu.
　　彼の家は火事で焼け落ちた．

　受動態の複合過去です．助動詞 être の複合過去《**avoir** の現在形＋**été**》にその動詞の過去分詞が続きます．

解答 (1) ②　　(2) ④　　(3) ④　　(4) ②

類題 3

次の (1)～(4) において，それぞれ ①～⑤ をすべて用いて文を完成したときに，（ ）内に入るのはどれですか．①～⑤ のなかから 1 つずつ選び，解答欄のその番号にマークしてください．

(1) J'ai ____ ____ (   ) ____ ____ .

    ① à　　② poser　　③ question　　④ une　　⑤ vous

(2) Je laisse ____ ____ (   ) ____ ____ .

    ① fille　　② la　　③ ma　　④ regarder　　⑤ télé

(3) Je n'ai pas ____ ____ (   ) ____ ____ dit.

    ① avez　　② ce　　③ compris　　④ que　　⑤ vous

(4) L'été est la ____ ____ (   ) ____ ____ l'année.

    ① chaude　　② de　　③ la　　④ plus　　⑤ saison

解答番号	解　答　欄
(1)	① ② ③ ④ ⑤
(2)	① ② ③ ④ ⑤
(3)	① ② ③ ④ ⑤
(4)	① ② ③ ④ ⑤

[解説] 語順の並べかえによる仏文完成問題です．放任を表す laisser の構文，間接疑問文，最上級の構文などが出題されています．文法的な知識を動員してください．

(1) J'ai une question (à) vous poser.
   あなたにお聞きしたいことが1つあります．
   《名詞＋à＋不定詞》は「〜すべき」というニュアンスを表します．
(2) Je laisse ma fille (regarder) la télé.
   わたしは娘にテレビを見させておく．
   《laisser＋直接目的語＋不定詞》という構文です．
(3) Je n'ai pas compris ce (que) vous avez dit.
   わたしはあなたが言ったことがわかりませんでした．
   指示代名詞 ce と関係代名詞との組み合わせは「〜するところのこと（もの）」という意味で，英語の関係代名詞 what に相当します．
(4) L'été est la saison la (plus) chaude de l'année.
   夏は1年中で1番暑い季節です．
   最上級が使われています．形容詞が名詞のあとにくる場合は定冠詞がもう1度繰り返されます．

[解答] (1) ①　　(2) ④　　(3) ④　　(4) ④

第 6 問
対話文完成問題

　フランス語の会話における基本的な能力を試そうとする分野です．あたえられた状況のなかで最も適切な応答文を選ぶ問題です．形式としては，**A**, **B** 2 人の対話になっており，**A**・**B**・**A** の 3 つの文のつながりで，2 番目の **B** の文を選択します．2 番目の文は最初の文を受けているわけですが，選択肢に挙げられている文はいずれも当てはまりそうなものになっていますから，3 番目の文によりどれを選ぶかを判断します．4 問出題され，配点は 8 点です．

　対話文は決まった表現や一定のパターンを使うことが多いので，それらをできるだけ多く記憶するように努めましょう．応答の形式や会話の日常表現については，単なる頭の知識として覚えるのではなく，ふだんから CD など使って繰り返し口頭練習をして，自然に口をついて出てくるようにしておくのが理想です．

過去問

次の (1)〜(4) の **A** と **B** の対話を完成させてください．**B** の下線部に入れるのに最も適切なものを，それぞれ ①〜③ のなかから 1 つずつ選び，解答欄のその番号にマークしてください．

(1) **A**: C'est quand, ton examen ?

   B: _____

   A: J'espère que tu as réussi.

   ① C'est dans une semaine.

   ② C'était mardi.

   ③ Je n'ai pas d'examen.

(2) **A**: Je n'ai jamais été au Japon.

   B: _____

   A: Il faisait très chaud, n'est-ce pas ?

   ① Moi, je pense y aller l'été prochain.

   ② Moi, j'y suis allé cet été.

   ③ Moi, j'y suis invité pour un mariage.

(3) **A** : Je voudrais deux pains au chocolat.

　　B : _____

　　A : Ce sera tout.

　　① C'est pour manger tout de suite ?

　　② D'accord, et avec ça ?

　　③ Vous pouvez attendre deux minutes ?

(4) **A** : Tu as vu ce film ?

　　B : _____

　　A : Bon, je vais voir un autre film, alors.

　　① Oui, il faut le voir absolument.

　　② Oui, je l'ai vu deux fois.

　　③ Oui, mais il n'est pas très intéressant.

解答番号	解 答 欄
(1)	① ② ③
(2)	① ② ③
(3)	① ② ③
(4)	① ② ③

[解説] 適切な応答文を選ぶ問題です．前後にあたえられている文をヒントにして，状況をよく判断して選びましょう．この形式の問題では，最初の文に対していずれも対応するような選択肢が並んでいるのが普通です．そのうち，どれを選ぶかは 3 番目の文で判断します．

(1) A「君の試験，いつなの？」という質問です．B の選択肢 ① は「1 週間後です．」 ② は「火曜日でした．」 ③ は「わたしは試験がありません．」です．どれを選ぶかは，次のことば A「合格してるといいですね．」によって判断します．時制を区別することがポイントです．試験は既に済んでいますので，過去時制の文を選びます．

(2) A「わたしは日本に行ったことがありません．」，B の選択肢 ① は「わたしは来年の夏そこに行こうと思っています．」 ② は「わたしはこの夏そこに行きました．」 ③ は「わたしは結婚式でそこによばれています．」です．次の文 A「とても暑かったでしょう？」で判断します．これも時制が決め手になります．B は日本に行ったことがあるのです．

(3) 買い物の場面です．A「チョコレートパン 2 つください．」と言っています．お店の人がたずねます．B の選択肢 ① は「すぐ食べるのですか？」 ② は「わかりました，そのほかには？」 ③ は「ちょっと待っていただけますか？」です．次の答えが A「それだけです．」となっていることから考えてください．

(4) A「その映画見ましたか？」という質問です．B の選択肢 ① は「ええ，絶対に見る必要があります．」 ② は「ええ，2 度見ました．」 ③ は「ええ，でもあまりおもしろくないですよ．」です．次のことば A「そうですか，じゃあ別の映画を見に行きます．」によって判断します．

[解答] (1) ②　(2) ②　(3) ②　(4) ③

過去問の分析と頻出事項

　この問題に関しては，特徴を挙げるのが必ずしも容易ではありません．一般的な傾向として，比較的よく出題されるのは，**電話，買い物など特定の場面でのやりとり**です．それぞれ場面に応じた特定の言い回しがありますので，それをできるだけ覚えておくことが助けになります（→【覚えましょう (1)】p. 210）．もう 1 つは，内容的には一般的な会話で，選択肢を選ぶ場合に時を区別することが決め手になる問題が頻繁に出題されています．時制の区別に注意を払ってください（→【文法のまとめ (1)】p. 190）．（試験問題は B を選択する形式です．）

1. 特定場面での対話

　1) 電話の場面

　　A: Allô, bonjour, je vous écoute.　もしもし，こんにちは．

　　B: Puis-je parler à Monsieur Dupont ?　デュポンさんお願いします．

　　A: Désolé, monsieur. Il est sorti.　申し訳ありません．外出中なのですが．

　　　　　　　　　　　　　　　　　　　　　　　　　　　　　　（2006 春）

　2) 買い物の場面

　　A: Cette jupe est trop courte pour moi.　このスカートはわたしには短すぎます．

　　B: Nous en avons une plus longue, mais elle est plus chère.
　　　　もっと長いのもございますが，値段がより高いのですが．

　　A: Ça ne fait rien. Je vais l'essayer.　かまいません．試着してみます．（2008 秋）

2. 時を区別することがポイントになる問題

　　A: Tu aimes le jazz ?　ジャズは好きですか？

　　B: J'adorais ça, quand j'étais étudiant.　学生の頃大好きでした．

　　A: Et maintenant ?　で，今は？（2006 年春）

A: Vous n'avez pas vu Pierre ?　ピエールに会いませんでしたか？
B: Je l'ai vu ce matin.　今朝会いました．
A: C'était à quelle heure ?　何時でしたか？（2007 年春）

A: C'est quand, l'anniversaire de Françoise ?
　　いつなの，フランソワーズの誕生日は？
B: C'est après-demain.　あさってです．
A: Elle aura quel âge ?　何歳になるの？（2009 年春）

類題 1

次の (1)〜(4) の **A** と **B** の対話を完成させてください。**B** の下線部に入れるのに最も適切なものを，それぞれ ①〜③ のなかから 1 つずつ選び，その番号を記入してください。

(1) **A**: Allô, je voudrais parler à Monsieur Dulac.
　B: ＿＿＿＿＿＿＿＿＿＿＿＿＿＿＿＿＿
　A: Ah, dans ce cas, je le rappellerai tout à l'heure.
　　① C'est lui-même.
　　② Je regrette, Monsieur, il n'est pas là en ce moment.
　　③ Ne quittez pas, je vous prie.

(2) **A**: Depuis quand habitez-vous à Paris ?
　B: ＿＿＿＿＿＿＿＿＿＿＿＿＿＿＿＿＿
　A: C'est pour ça que vous ne connaissez pas encore le quartier.
　　① Depuis seulement un mois.
　　② Je suis né à Paris.
　　③ J'ai habité trois ans à Paris.

(3) **A**: Je voudrais acheter cette robe.
　B: ＿＿＿＿＿＿＿＿＿＿＿＿＿＿＿＿＿
　A: Je fais du 42.
　　① Elle est en solde.
　　② Elle vous va très bien.
　　③ Vous faites quelle taille ?

(4) **A**: Qu'est-ce que vous avez ?
　B: ＿＿＿＿＿＿＿＿＿＿＿＿＿＿＿＿＿
　A: Ah, vous avez trop mangé, ce n'est pas grave.
　　① J'ai du pain.
　　② J'ai mal au ventre.
　　③ J'ai très faim.

解説 適切な応答文を選ぶ問題です．字面にとらわれず，前後にあたえられている文をヒントにして慎重に選びましょう．比較的やさしいと思います．

(1) **A**「もしもし，デュラックさんお願いします．」電話の決まり文句です．**B** の選択肢 ① は「わたしです．」② は「申し訳ありません．今不在ですが．」③ は「切らずにお待ちください．」です．次のことばは **A**「それでは，またあとでかけなおします．」ですから，どれが適切か明らかでしょう．なお，選択肢 ① は直訳すれば「それは彼自身です．」という意味ですが，電話では慣用的に自分のことを指す場合にこのように言います．C'est moi.「わたしです．」と言うこともできます．

(2) **A**「パリにはいつからお住まいですか？」とたずねています．**B** の選択肢 ① は「ほんの 1 か月前からです．」② は「わたしはパリで生まれました．」③ は「わたしはパリに 3 年間住んでいました．」です．次のことばが **A**「それで，まだ街のことをご存じないのですね．」となっていることから考えてください．

(3) **A**「このドレスを買いたいのですが．」と頼んでいます．**B** の選択肢 ① は「それは特売中です．」② は「とてもよくお似合いです．」③ は「サイズはおいくつですか？」です．次のことばが **A**「(サイズは) 42 号です．」ですから，明らかですね．

(4) **A**「どうしたんですか？」という質問です．「あなたは何を持っていますか？」という意味にもなりますが，この場合には当てはまりません．**B** の選択肢 ① は「パンを持っています．」② は「おなかが痛いのです．」③ は「とてもおなかがすいています．」です．次の文は **A**「食べすぎです．大したことはありません．」です．

解答 (1) ②　(2) ①　(3) ③　(4) ②

類題 2

次の (1)〜(4) の **A** と **B** の対話を完成させてください。**B** の下線部に入れるのに最も適切なものを、それぞれ ①〜③ のなかから 1 つずつ選び、その番号を記入してください。

(1) **A**: La fumée ne vous dérange pas ?
   B: _____
   A: Ah ! oui, alors… une cigarette ?
   ① C'est interdit de fumer ici.
   ② Mais pas du tout ! Je fume moi-même.
   ③ Ne vous dérangez pas pour moi.

(2) **A**: Pouvez-vous venir à la maison, vendredi soir ?
   B: _____
   A: Ah, bon, dans ce cas, on va essayer de trouver un autre jour.
   ① Entendu. Je vous remercie.
   ② Oh, je suis désolé. Je serai en voyage ce jour-là.
   ③ Oui, avec plaisir.

(3) **A**: Qu'avez-vous fait pendant le week-end ?
   B: _____
   A: En voiture ou en train ?
   ① J'ai passé le week-end avec ma famille.
   ② Je suis allé à Versailles.
   ③ Je suis resté chez moi.

(4) **A**: Quel temps fait-il ?
   B: _____
   A: Alors, il vaut mieux emporter un parapluie.
   ① Il fait très beau.
   ② Il faut trois heures.
   ③ Il va pleuvoir.

89

[解説] これも適切な応答文を選ぶ問題です．一見関連がありそうなことばに惑わされないでください．あくまでも内容のつながりで選びましょう．

(1) **A** は直訳すれば「煙が邪魔ではありませんか？」という意味ですが，「タバコをすってもかまいませんか？」とたずねる決まり文句です．**B** の選択肢 ① は「ここは禁煙です．」② は「いいえ，ちっとも．わたしもすいますので．」③ は「そのままどうぞおかまいなく．」です．次のことばは **A**「ああそうですか，じゃあ，1本いかがです？」どれが適切か明らかでしょう．なお，選択肢 ③ の動詞 se déranger は「席を立って何かをする」という意味です．ですから，「かまわない」といっても，「タバコの煙が嫌ではない」という意味ではなく，自分のために立ってお茶を入れたりしないでいいという意味です．

(2) **A**「金曜日の晩うちに来てくれませんか？」という勧誘です．**B** の選択肢 ① は「承知しました．どうもありがとう．」② は「残念です．その日は旅行中の予定です．」③ は「ええ，よろこんでうかがいます．」です．どれを選ぶかは，次の文で判断します．**A**「ああそうですか，それじゃ，また別の日にいたしましょう．」

(3) **A**「週末何をしましたか？」とたずねています．**B** の選択肢 ① は「家族と週末を過ごしました．」② は「わたしはヴェルサイユに行きました．」③ は「わたしはうちにいました．」です．次のことばが **A**「車（で行ったの）ですか，それとも電車ですか？」となっていることから考えてください．

(4) **A**「どんな天気ですか？」とたずねています．**B** の選択肢 ① は「とてもよい天気です．」② は「3時間かかります．」③ は「雨が降りそうです．」です．次の文 **A**「じゃあ，傘を持っていったほうがよいですよ．」によって判断します．なお，選択肢 ① と ② の **il fait...** と **il faut...** はともに非人称構文で，つづり字が似ているので混同しないようにしましょう．

[解答] (1) ②　(2) ②　(3) ②　(4) ③

類題 3

次の (1)〜(4) の **A** と **B** の対話を完成させてください。**B** の下線部に入れるのに最も適切なものを、それぞれ ①〜③ のなかから 1 つずつ選び、その番号を記入してください。

(1) **A** : Ça ne va pas, docteur.

    B : _____

    A : Oh! partout, docteur.　C'est grave, n'est-ce pas ?

      ① Ça va comme ça ?
      ② Où avez-vous mal ?
      ③ Où voulez-vous aller ?

(2) **A** : Je peux vous téléphoner demain ?

    B : _____

    A : Bien.　Je vous téléphonerai demain après-midi.

      ① Non.　Demain je ne serai pas à la maison.
      ② Oui.　Mais je sortirai demain après-midi.
      ③ Oui.　Mais ne me téléphonez pas le matin ; je me lève assez tard.

(3) **A** : Où allons-nous déjeuner ?

    B : _____

    A : Oui, c'est un très bon restaurant.

      ① J'ai déjà pris mon petit déjeuner.
      ② J'ai envie de manger un bifteck aux frites.
      ③ Voulez-vous aller au restaurant italien ?

(4) **A** : Paul va venir au Japon.

    B : _____

    A : Dans deux semaines.

      ① C'est la première fois ?
      ② Il restera longtemps ?
      ③ Quand est-ce qu'il arrivera ?

解説 適切な応答文を選ぶ問題です．2人の対話がどういう状況で行われているかを考えて答えを選びましょう．あまりむずかしいのはないでしょう．

(1) **A**「先生，具合が悪いんです．」docteur は「博士」という意味もありますが，医者に対して「先生」と呼びかけるときも使います．患者が医者に訴えている場面です．**B** の選択肢 ① は「こんな具合でいいですか？」② は「どこが痛むのですか？」③ は「どこに行きたいのですか？」です．aller という動詞は，「行く」という意味のほかに，調子がよいとか，悪いとかいう意味でも使うことはご存知でしょう．この選択肢はそれにひっかけています．次のことばは患者のことばで，痛みのことを言っています．**A**「あっちもこっちもなんですよ，先生．重病じゃないでしょうか？」

(2) **A**「明日電話してもいいですか？」という質問です．**B** の選択肢 ① は「いいえ，明日はうちにいません．」② は「ええ．でも，明日の午後は外出します．」③ は「ええ．でも，午前中は電話しないでください．起きるのがかなり遅いものですから．」です．どれを選ぶかは，次の文で判断します．「わかりました．明日の午後お電話します．」

(3) **A**「お昼どこに食べに行く？」とたずねています．**B** の選択肢 ① は「わたしはもう朝ごはんを食べました．」② は「わたしはフライドポテト添えのステーキを食べたい．」③ は「イタリア料理店に行きませんか？」です．答えは明らかですね．次のことばは **A**「ええ，それはとてもおいしいレストランです．」

(4) **A**「ポールがもうじき日本にやって来る．」と言っています．**B** の選択肢 ① は「初めてなんですか？」② は「彼は長い間いるのですか？」③ は「彼はいつ到着するのですか？」です．どれを選ぶかは，次の文 **A**「2 週間後です．」によって判断します．時を表す場合，dans は「(今から)～後」を意味します．

解答 (1) ②　(2) ③　(3) ③　(4) ③

第7問
対応語選択問題

　この問題は 1 行程度の短いフランス語の文があたえられていて，途中空白があります．その空白に選択肢のなかから適当なものを選んで穴うめして文を完成させます．問題数 6 に対して選択肢は 8 つです．配点は 6 点です．

　あたえられた文の内容を判断して，それに対応する単語を選ぶのがポイントです．これは，単語力を見る問題でもあります．常日ごろから，同一の種類・分野の単語を整理して，記憶するように心がけましょう（→ 巻末**【語彙集】** p. 214）．また，仏仏辞典をひくことによって単語の定義に慣れておくのも役に立つでしょう．

次の (1)〜(6) の (　) 内に入れるのに最も適切なものを，下の ①〜⑧ のなかから 1 つずつ選び，解答欄のその番号にマークしてください．ただし，同じものを複数回用いることはできません．

(1) Elle a coupé le fromage avec ce (　　　).

(2) Ici, il n'y a pas assez d'(　　　) pour jouer.

(3) Il fait des dessins avec un (　　　).

(4) Il prend le bateau dans ce (　　　).

(5) Je prends toujours mon (　　　) dans ce café.

(6) Utilisez cet (　　　) pour aller au deuxième étage.

① aéroport　② bureau　③ couteau　④ crayon
⑤ déjeuner　⑥ escalier　⑦ espace　⑧ port

94　第 7 問　対応語選択問題

解説　短文の意味を把握し，それに対応する単語を選択肢のなかから選ぶ問題です．単語力を問う問題でもありますが，いずれも日常的によく使われる単語ばかりですからあまり問題はないでしょう．

(1) 「彼は～でチーズを切った．」ですから，「ナイフ」に当たることばを選びます．
(2) 「ここには，遊ぶのに十分な～がない．」「スペース」に当たることばを入れます．
(3) 「彼は～でデッサンを描く．」「鉛筆」です．
(4) 「彼はこの～で船に乗る．」「港」です．
(5) 「わたしはいつもこの喫茶店で～をとる．」「昼食」に当たることばを入れます．
(6) 「3 階に行くにはその～を使ってください．」「階段」です．なお，étage は 2 階以上を指しますので，deuxième étage は「2 階」ではなく「3 階」です．

解答　(1) ③　　(2) ⑦　　(3) ④　　(4) ⑧　　(5) ⑤　　(6) ⑥

類題 1

次の (1)~(6) の ( ) 内に入れるのに最も適切なものを，下の ①~⑧ のなかから 1 つずつ選び，解答欄のその番号にマークしてください．ただし，同じものを複数回用いることはできません．

(1) Elle a acheté des gâteaux à la (　　　).

(2) J'ai acheté deux biftecks chez le (　　　).

(3) J'ai vu le film français dans ce (　　　).

(4) Je me suis fait couper les cheveux chez le (　　　).

(5) Je vais acheter des timbres à la (　　　).

(6) Nous avons joué au football dans ce (　　　).

① boucher　② cinéma　③ coiffeur　④ libraire
⑤ mairie　⑥ pâtisserie　⑦ poste　⑧ stade

解答番号	解　答　欄
(1)	① ② ③ ④ ⑤ ⑥ ⑦ ⑧
(2)	① ② ③ ④ ⑤ ⑥ ⑦ ⑧
(3)	① ② ③ ④ ⑤ ⑥ ⑦ ⑧
(4)	① ② ③ ④ ⑤ ⑥ ⑦ ⑧
(5)	① ② ③ ④ ⑤ ⑥ ⑦ ⑧
(6)	① ② ③ ④ ⑤ ⑥ ⑦ ⑧

解　説　短文の意味を把握し，それに対応する単語を選択肢のなかから選ぶ問題です．選択肢はいずれも町の中の商店や場所を表すことばになっています．日常的に使われることばかりですからやさしいでしょう．

(1) 「彼女は～でケーキを買った．」「ケーキ屋」に当たることばです．ケーキ屋の人を指す場合，男性なら pâtissier，女性なら pâtissière と言います．また，店のことは pâtisserie（女性名詞）と言います．このパターンは商店の場合共通ですから，覚えておきましょう．
(2) 「わたしは～でステーキ肉を 2 枚買った．」もちろん「肉屋」です．フランスでは牛肉を売る店と豚肉を売る店は区別があります．豚肉屋の人は charcutier（男性）/ charcutière（女性），店は charcuterie（女性名詞）と言います．なお，「～屋で」という表現の前置詞は，人を指すことばの前では chez，店を指すことばの前では à です．
(3) 「わたしはそのフランス映画をこの～で見た．」もちろん「映画館」です．
(4) 「わたしは～でカットをしてもらった．」「美容院」は何と言いますか？
(5) 「わたしは～に切手を買いに行く．」「郵便局」です．bureau de poste と言っても同じです．
(6) 「わたしたちはこの～でサッカーをしました．」「スタジアム」に当たることばです．

解　答　(1) ⑥　　(2) ①　　(3) ②　　(4) ③　　(5) ⑦　　(6) ⑧

類題 2

次の (1)〜(6) の (　) 内に入れるのに最も適切なものを，下の ①〜⑧ のなかから 1 つずつ選び，解答欄のその番号にマークしてください．ただし，同じものを複数回用いることはできません．

(1) Asseyez-vous, prenez ce (　　).

(2) En guerre depuis dix ans, ces deux pays ont enfin signé la (　　).

(3) Il fait froid ce matin, tu devrais mettre ton (　　).

(4) Nous n'avons pas eu un seul jour de (　　) pendant les vacances.

(5) Tu ne peux pas mettre tous ces vêtements dans cette petite (　　) !

(6) Vous avez mis combien de (　　) pour venir ?

① chaise　② fauteuil　③ manteau　④ paix
⑤ parapluie　⑥ pluie　⑦ temps　⑧ valise

解答番号	解　答　欄
(1)	① ② ③ ④ ⑤ ⑥ ⑦ ⑧
(2)	① ② ③ ④ ⑤ ⑥ ⑦ ⑧
(3)	① ② ③ ④ ⑤ ⑥ ⑦ ⑧
(4)	① ② ③ ④ ⑤ ⑥ ⑦ ⑧
(5)	① ② ③ ④ ⑤ ⑥ ⑦ ⑧
(6)	① ② ③ ④ ⑤ ⑥ ⑦ ⑧

第7問　対応語選択問題

解説　短文の意味を把握し，それに対応する単語を選択肢のなかから選ぶ問題です．選択肢は日常的に使われることばかりですからやさしいでしょう．

(1)「お座りください．この〜をお使いください．」「椅子」ですが，これに当たることばが2つ（①と②）あります．前に置かれた指示形容詞が男性形になっていますので，それで判断してください．

(2)「10年来戦争状態であったが，この2国はついに〜にサインした．」「戦争」ということばがヒントになります．「平和」ということばを入れてください．

(3)「今日は寒い．〜を着ていくべきでしょう．」「コート，オーバー」に当たることばです．

(4)「休暇中1日も〜の日がなかった．」「雨」に当たることばを入れます．

(5)「この小さな〜の中にこの衣類全部を入れることはできないよ．」「スーツケース」に当たることばを入れます．

(6)「来るのにどれくらいの〜をかけましたか？」とたずねています．「時間」です．

解答　(1) ②　　(2) ④　　(3) ③　　(4) ⑥　　(5) ⑧　　(6) ⑦

類題 3

次の (1)〜(6) の (　) 内に入れるのに最も適切なものを，下の ①〜⑧ のなかから 1 つずつ選び，解答欄のその番号にマークしてください．ただし，同じものを複数回用いることはできません．

(1) Écrivez ici votre nom, votre âge et votre (　　) de naissance.

(2) Je ne mets pas de (　　) dans mon café.

(3) Le Louvre est le (　　) principal de Paris.

(4) Le (　　) se lève à l'est.

(5) Tu préfères voyager en (　　) ou en avion ?

(6) Un sandwich au (　　), s'il vous plaît.

① jambon　② lieu　③ lune　④ musée
⑤ soleil　⑥ sucre　⑦ thé　⑧ train

第 7 問　対応語選択問題

解説　短文の意味を理解し，それに対応する単語を選択肢のなかから選びます．やさしいのとややむずかしいのが混じっています．

(1)「ここに，あなたの名前，年齢と出生～を書いてください．」当然「出生地」です．「場所，ところ」を意味することばを探します．
(2)「わたしはコーヒーに～を入れません．」「砂糖」です．
(3)「ルーブルはパリの主要な～です．」もちろん「美術館」です．
(4)「～は東から昇ります．」「太陽」と「月」が考えられますが，定冠詞が le ですから，「太陽」です．なお，動詞 se lever は普通「立ち上がる」という意味ですが，ここでは，日が「昇る」という意味です．est は，定冠詞が付いていることからわかるように，「東」という方位を表す名詞です．
(5)「君は～で旅行するのと飛行機で旅行するのとどっちが好きですか？」「列車」か「船」が考えられますが，後者は選択肢にありません．
(6)「～サンド 1 つお願いします．」喫茶店で注文するときの表現です．「ハム」ということばを探します．

解答　(1) ②　　(2) ⑥　　(3) ④　　(4) ⑤　　(5) ⑧　　(6) ①

第 8 問
読 解 問 題

　フランス語の文章を読んで理解する能力を試そうとする問題です．テキストは 10〜13 行程度の比較的短いもので，内容はごく普通の説明文が中心です．したがって，文章は基本的に素直で平易なものですから，ふだん教室などで使用しているテキストをきちんと勉強していれば十分対応できます．出題形式については，テキストの内容について書いた日本語が列挙されていて，それぞれその真偽を判断する形です．日本語それ自体がヒントになりますので，問題としてはやさしいでしょう．なお，問題数は 6 題で，配点は 6 点です．

　読解ですから当然のことですが，語彙力がなければなりません．この分野に限りませんが，基本単語をしっかり覚えておくことが大切です．また構文や文脈を把握する能力も必要です．文法知識を大いに活用してください．

　なお，これは 3 級の試験全体を通じて言えることですが，問題に使用されている単語は，すべて，いわゆる「基本単語」（約 1,700 語，そのうち最も使用頻度が高いものは約 600 語）の範囲に含まれています．したがって，勉強のポイントはこれらの基本的な単語をまず確実に覚えて使えるようにすることです．巻末の**【語彙集】**(p. 214) を活用してください．

第8問 読解問題

過去問

次の文章を読み，下の (1)〜(6) について，文章の内容に一致する場合は解答欄の ① に，一致しない場合は ② にマークしてください．

　Un nouveau jardin public s'est ouvert en avril dans mon quartier. Ce n'est pas un jardin comme les autres. On n'y trouve pas de bancs pour se reposer ou lire. Les enfants n'y jouent pas avec des balles. Mais il y a beaucoup de petits champs à louer. On y cultive des légumes ou des fleurs.

　Le jardin est ouvert à tout le monde. Tous les habitants* de la ville ont le droit de louer un champ et il est possible d'en louer deux ou trois s'il y a des champs disponibles**.

　Ce sont les hommes plutôt que les femmes qui cultivent ces champs. Beaucoup de gens viennent au jardin très tôt le matin avant d'aller travailler. Les légumes préférés sont la tomate et la pomme de terre.

　　　　　　　　　　　　　　　　　*habitant：住民
　　　　　　　　　　　　　　**disponible：あいている

(1) この公園には，すわって読書ができるベンチがある．
(2) この公園の畑では，野菜だけではなく花も栽培されている．
(3) この町の住人なら，だれでもこの公園の畑を借りることができる．
(4) この公園の畑は，1人ひとつしか借りることができない．
(5) この公園の畑を耕している人は，どちらかというと女性が多い．
(6) この公園の畑では，トマトとジャガイモに人気がある．

解答番号	解答欄
(1)	① ②
(2)	① ②
(3)	① ②
(4)	① ②
(5)	① ②
(6)	① ②

解説 説明文の読解問題です．単語や表現にむずかしいものはなく，ごく素直な文章ですからあまり問題はないでしょう．

【本文の訳】
　わたしの近所に4月新しい公園が開設されました．それはほかの公園とは違います．そこには，休んだり，読書をしたりするベンチがありません．子供たちがボール遊びをすることもないのですが，たくさんの小さな貸農園があります．人々はそこで野菜か花を栽培しています．

　公園はすべての人に開放されています．町のすべての住民は畑を借りる権利があり，空いているのがあれば，2つも3つも借りることができます．

　ここの畑を耕しているのはどちらかというと女性よりも男性です．多くの人たちが，朝非常に早く，働きに行く前に公園にやってきます．人気の野菜はトマトとジャガイモです．

(1) On n'y trouve pas... は「人々はそこに～を見出さない」という意味ですから「そこには～がない」ということです．
(2) On y cultive des légumes ou des fleurs. ですから，「野菜か花かどちらかを栽培し」ています．
(3) Tous les habitants de la ville ont le droit de louer un champ... ですから，「市民すべてが借りる権利がある」のです．louer は「賃貸しする」と「賃借りする」という両方の意味がありますがこの場合は後者です．
(4) il est possible d'en louer *deux ou trois* s'il y a des champs disponibles は「空いている畑があれば，2区画ないし3区画借りることも可能である」という意味です．
(5) Ce sont les *hommes plutôt que les femmes* qui cultivent ces champs. の部分です．**plutôt que...** は「～よりもむしろ」という意味です．この文章は **Ce sont... qui...** という強調構文です．
(6) Les légumes préférés というのは，「人々がより好む野菜」ということですから，人気野菜のことです．

解答 (1) ②　(2) ①　(3) ①　(4) ②　(5) ②　(6) ①

類題 1

次の文章を読み，下の (1)〜(6) について，文章の内容に一致する場合は解答欄の ① に，一致しない場合は ② にマークしてください．

J'habite dans un immeuble de la rue de Sablonville ; le quartier est agréable et tranquille.

L'immeuble n'est pas très grand ; quatre étages seulement, avec trois appartements par étage. J'habite au deuxième. Mon voisin de droite est un vieux monsieur à cheveux blancs. Il a été professeur dans un collège pendant 25 ans et il a l'habitude de gronder les enfants comme s'ils étaient dans sa classe.

À gauche, il y a depuis quelques mois un jeune ménage* dont le mari est avocat. Ils n'ont pas d'enfants. Comme ils sont très généreux** à son égard, la concierge est très aimable avec eux.

À l'étage au-dessus***, habite une dame avec sa fille. Celle-ci a douze ans et s'appelle Nicole.

*ménage：夫婦
**généreux：気前がよい
***au-dessus：上にある

(1) わたしの住む界わいはにぎやかな商店街である．
(2) わたしは 4 階建ての建物の 2 階に住んでいる．
(3) わたしの右隣の住人は白髪で，かつて先生をしていた．
(4) 左側の隣人は，最近越してきた若い夫婦で，夫は弁護士をしている．
(5) この若夫婦に対して管理人は無愛想である．
(6) 上の階の住人の娘は 12 歳で，ニコルという名前である．

解答番号	解答欄
(1)	① ②
(2)	① ②
(3)	① ②
(4)	① ②
(5)	① ②
(6)	① ②

[解説] 説明文の読解問題です．語り手が住んでいる建物の隣人たちについての説明です．問題文を読み，日本語の文に当てはまる部分を探して真偽を判断しましょう．

【本文の訳】
　わたしはサブロンヴィル通りのある建物に住んでいます．界わいは快適で静かです．
　建物はそれほど大きくありません．5 階しかなく，各階にアパルトマンがそれぞれ 3 戸ずつあります．わたしは 3 階に住んでいます．右隣の住人は白髪の老紳士です．彼は 25 年間中学で先生をしていました．それで，彼は，子供たちをまるで教室にいるかのようにしかることが，習慣になっています．
　左隣には，数ヶ月前から若い夫婦が住んでいて，夫のほうが弁護士をしています．彼らには子供がいません．管理人は，彼らが彼女に対してきわめて気前がいいせいで，彼らに対してたいへん愛想がいいです．
　上の階にはご婦人と娘が住んでいます．娘は 12 歳でニコルという名前です．

(1) agréable et *tranquille* ですから，「閑静な住宅街」ということになります．
(2) フランス語で étage ということばが 2 階以上を指すことに注意してください．したがって，deuxième は「2 階」ではなく「3 階」になります．
(3) un vieux monsieur à cheveux blancs は「白髪の老紳士」です．この場合の à はそういう属性を持っているというニュアンスを表します．
(4) depuis quelques mois は「数か月前から」という意味です．
(5) **aimable avec...** は「～に対して愛想がよい」ということです．
(6) 既出の名詞を受ける指示代名詞 celui (celle など) は **-ci** と **-là** を付けて近くの物と遠くの物を区別します．文脈でいうと，-ci が「後者」，-là が「前者」を指します．この場合 Celle-ci「後者」は，すぐ前の sa fille を受けています．

[解答] (1) ②　(2) ②　(3) ①　(4) ①　(5) ②　(6) ①

類題 2

次の文章を読み，下の (1)～(6) について，文章の内容に一致する場合は解答欄の ① に，一致しない場合は ② にマークしてください．

Dans la salle d'attente* de l'aéroport, Jean attend, avec ses parents, le départ de l'avion de New-York.

C'est la première fois que Jean, qui a douze ans, prend l'avion, et il lui est difficile de rester tranquille jusqu'au départ. Son père lui a dit qu'ils allaient passer la nuit dans l'avion, et que demain matin, ils seraient à New-York. Il lui a aussi promis de le réveiller dès que la grande ville serait en vue**.

C'est enfin l'heure du départ. Jean sort le premier de la salle d'attente vers l'avion. Il a peur de ne pas avoir de place à côté d'une fenêtre. L'hôtesse de l'air*** lui dit de ne pas s'inquiéter et lui indique la place qui lui est réservée.

*salle d'attente：待合室
**en vue：見えるところに
***hôtesse de l'air：スチュワーデス

(1) ジャンは両親とともにニューヨークに行く飛行機を待っている．
(2) ジャンは 12 歳で，飛行機に乗るのは初めてである．
(3) 飛行機は，明日の夜にニューヨークに着く予定である．
(4) お父さんは，ジャンに，ニューヨークが見えたら，起こしてあげると約束した．
(5) ジャンは怖いので最後に飛行機に搭乗した．
(6) ジャンは窓際の席を希望していたが，得られなかった．

解答番号	解答欄
(1)	① ②
(2)	① ②
(3)	① ②
(4)	① ②
(5)	① ②
(6)	① ②

解説 説明文の読解問題です．子供が両親とともに空港の待合室で飛行機の出発を待っている場面を想像してください．

【本文の訳】

　空港の待合室で，ジャンは両親とともにニューヨーク行きの飛行機の出発を待っています．
　12歳になるジャンは飛行機に乗るのは初めてです．だから，出発までじっとしているのは彼には困難です．お父さんは，飛行機の中で夜を過ごし，明日の朝ニューヨークに着くと言っていました．お父さんはまた，彼にその大都会が見えたらすぐ起こしてあげると約束しました．
　ようやく出発の時間です．ジャンは待合室から飛行機に向かって1番に飛び出します．窓際の席が得られないのではないかと心配だからです．スチュワーデスが彼に心配しなくても大丈夫と言い，予約されていた席を指し示します．

(1) Jean attend, avec ses parents, le départ de l'avion de New-York. の部分です．
(2) **C'est la première fois que…** は「～するのは初めてである」という言い方です．
(3) Son père lui a dit… の文は間接話法になっています．直接話法に改めれば次のようになります．《 Nous allons passer la nuit dans l'avion et *demain matin*, nous serons à New York.》「わたしたちは飛行機の中で夜を過ごし，明日の朝ニューヨークに着いているでしょう．」
(4) dès que la grande ville serait en vue は「その大都会（ニューヨーク）が見えたらすぐに」という意味です．
(5) Jean sort *le premier* de la salle d'attente vers l'avion. ですから，「最初に飛び出して行」ったわけです．
(6) avoir une place *à côté d'une fenêtre* は，「窓際に席を得る」ということです．

解答 (1) ①　(2) ①　(3) ②　(4) ①　(5) ②　(6) ②

類題 3

次の文章を読み，下の (1)〜(6) について，文章の内容に一致する場合は解答欄の ① に，一致しない場合は ② にマークしてください．

Kazuo est arrivé de Tokyo hier soir très tard. Il est allé tout de suite à l'hôtel, s'est couché, et ce matin, il s'est réveillé tôt.

Ce n'est pas la première fois qu'il vient à Paris ; il y a déjà fait un séjour avec ses parents quand il était enfant, mais il a oublié presque tout ce qu'on lui a fait voir.

Ne restant qu'une quinzaine de jours, il ne veut pas perdre une minute. D'abord il va prendre son petit déjeuner. Il s'installe* à la terrasse d'un café, commande un café au lait et des croissants.

Kazuo pense à ce qu'il pourrait faire aujourd'hui. Le Louvre n'est pas loin, mais il fait vraiment trop beau pour aller s'enfermer. Mieux vaut** se promener sur les quais et s'arrêter chez les bouquinistes***.

*s'installer：腰を下ろす，すわる
**Mieux vaut…：〜するほうがよい
***bouquinistes：古本屋

(1) カズオはきのうの晩遅く着いたので，朝は遅く目を覚ました．
(2) 彼は子供の頃，両親に連れられてパリに来たことがあるが，ほとんど何も覚えていない．
(3) 今回の滞在期間は2週間である．
(4) 彼は，ホテルで朝食をとった．
(5) 朝食のメニューはカフェ・オ・レとクロワッサンである．
(6) 今日の予定は，近くなのでルーヴル美術館に行くことにする．

解答番号	解答欄
(1)	① ②
(2)	① ②
(3)	① ②
(4)	① ②
(5)	① ②
(6)	① ②

|解　説| パリを訪れたカズオ君の滞在第 1 日目という設定です．単語はあまりむずかしいものはないですが，表現でややむずかしい言い回しが混じっています．

【本文の訳】

　カズオはきのうの晩非常に遅く東京から到着しました．彼は直ちにホテルに行き，横になりましたが，今朝は早くに目が覚めました．

　彼がパリに来たのは初めてではありません．彼は子供のときに，両親とともにそこに滞在したことがあります．でも，見せられたものをほとんどすべて忘れてしまいました．

　2 週間しか滞在しないので，彼は 1 分も失いたくありません．まず朝食をとることにします．彼はあるカフェのテラスに腰をかけ，カフェ・オ・レとクロワッサンを注文します．

　カズオは今日何をすることができるかを考えています．ルーブルは遠くないのですが，引きこもってしまうには本当に天気がよすぎます．河岸を散歩したり，古本屋を冷やかしたりするほうがふさわしいです．

(1) il s'est réveillé *tôt*. ですから「早く目が覚めた」のです．

(2) il a oublié presque tout ce qu'on lui a fait voir は直訳すると，「彼は人が彼に見させたものほとんどすべてを忘れた」ということになります．

(3) Ne restant qu'une quinzaine de jours は現在分詞の構文です．quinzaine は本来は「約 15」という意味ですが，**une quinzaine de jours** は慣用的に「2 週間」のことです．

(4) Il s'installe à la terrasse d'*un café* とありますから，ホテルではなく喫茶店です．

(5) フランスでの最も一般的な朝食のメニューです．これは問題ないでしょう．

(6) il fait vraiment trop beau pour aller s'enfermer「引きこもってしまうには天気がよすぎる」とありますから，建物の中を見物するのではなく，外を歩くということになります．

|解　答| (1) ②　　(2) ①　　(3) ①　　(4) ②　　(5) ①　　(6) ②

第 9 問
会話文穴うめ問題

　フランス語の会話における基本的な能力を試そうとする分野です．2人の人物の間に交わされる会話文のいくつかの箇所を空白にして，そこに適当な文や語句を選択肢のなかから選んで穴うめするものです．問題の形式としては，空所が 4 つで選択肢が 7 つという形が定着しています．配点は 8 点です．

　文そのものはいずれも平易なものですから，対話の流れがつかめれば，比較的容易に解答できるでしょう．状況や文脈を考えて慎重に選択肢を選ぶ必要があります．やはり，応答の言い回しや日常的な慣用文に親しんでおくことが重要です．

過去問

次の会話を読み，(1)～(4) に入れるのに最も適切なものを，下の ①～⑦ のなかから 1 つずつ選び，解答欄のその番号にマークしてください．ただし，同じものを複数回用いることはできません．

Sophie: Tiens, Anne !　Ça va ?
Anne: Bien, merci, et toi ?　(1) maintenant ?　Tu travailles ?
Sophie: Oui.　J'apprends à nager aux enfants.
Anne: C'est vrai ?　(2) ?
Sophie: Tout près d'ici, à la piscine* Saint-Germain.　(3) ?
Anne: Évidemment !　Parmi tes élèves, il n'y a pas un garçon de 9 ans qui s'appelle Nicolas ?
Sophie: Nicolas Morin ?　Alors c'est peut-être…
Anne: Voilà, c'est mon fils !
Sophie: Ton fils ?　(4) !
Anne: Nicolas me parle souvent de la monitrice** Sophie qui est très gentille !　C'est donc toi !

*piscine：プール
**monitrice：インストラクター

① C'est incroyable
② Où ça
③ Qu'est-ce que tu fais
④ Qui es-tu
⑤ Tout à fait
⑥ Tu as tort
⑦ Tu la connais

解答番号	解　答　欄
(1)	① ② ③ ④ ⑤ ⑥ ⑦
(2)	① ② ③ ④ ⑤ ⑥ ⑦
(3)	① ② ③ ④ ⑤ ⑥ ⑦
(4)	① ② ③ ④ ⑤ ⑥ ⑦

112   第9問　会話文穴うめ問題

解説　会話文の穴うめ問題です．この種の問題を解答する際には，まずその会話が行われている状況を思い浮かべてみることが大切です．ここでは，ソフィーとアンヌは友達どうしですが，久しぶりに出会いました．その2人の会話です．自然な日常会話の常で，比較的短い文章でやり取りされています．

【会話文の訳】

ソフィー：あら，アンヌ！　元気？
　アンヌ：おかげさまで元気よ．あなたは？　今何してる？　働いているの？
ソフィー：ええ．子供たちに水泳を教えているの．
　アンヌ：本当？　どこで？
ソフィー：このすぐそばよ，サン＝ジェルマン・プール．知ってる？
　アンヌ：もちろんよ！　あなたの生徒の中に，ニコラという名の9歳の男の子いない？
ソフィー：ニコラ・モランのこと？　というともしかして…
　アンヌ：そのとおり，わたしの息子よ！
ソフィー：あなたの息子ですって，信じられないわね！
　アンヌ：ニコラはいつもとても親切なソフィーというインストラクターのことを話しているわ．それはあなただったのね！

(1) 2人が久しぶりに会い，あいさつを交わして近況を聞いているところです．どのような会話が自然でしょうか？
(2) ソフィーが子供たちに水泳を教えていると言ったので，アンヌが場所をたずねます．「どこ？」とたずねるとき，単に Où ? と言わず，**Où ça ?** と言うのが普通です．
(3) アンヌはプールの名前を言って，ソフィーが知っているかどうか聞き返します．Tu la connais ? の la は la piscine Saint-Germain を受けます．
(4) アンヌは，偶然，それと知らずにソフィーの息子に水泳を教えていたわけです．そういうときに出てくることばです．

解答　(1) ③　　(2) ②　　(3) ⑦　　(4) ①

類題 1

次の会話を読み，(1)〜(4) に入れるのに最も適切なものを，下の ①〜⑦ のなかから1つずつ選び，解答欄のその番号にマークしてください．ただし，同じものを複数回用いることはできません．なお，①〜⑦ では文頭にくるものも小文字にしてあります．

André: Hier soir je suis allé voir le film dont vous m'aviez parlé.
Marie: Alors ? (1) ?
André: Je trouve que c'est un des meilleurs films de l'année.
Marie: (2). Et pourtant beaucoup de gens l'ont critiqué.
André: Ils ne l'ont peut-être pas compris.
Marie: Il paraît qu'à Londres on faisait la queue pour le voir.
André: (3).
Marie: En tout cas, moi j'aimerais le revoir.
André: Moi aussi, (4).   Je préférerais l'oublier un peu d'abord.

① c'est pareil
② ce n'est pas comme ici
③ je ne suis pas de votre avis
④ je suis tout à fait d'accord
⑤ mais pas tout de suite
⑥ qu'en pensez-vous
⑦ qu'est-ce qui se passe

解答番号	解　答　欄						
(1)	①	②	③	④	⑤	⑥	⑦
(2)	①	②	③	④	⑤	⑥	⑦
(3)	①	②	③	④	⑤	⑥	⑦
(4)	①	②	③	④	⑤	⑥	⑦

114　第9問　会話文穴うめ問題

[解説]　会話文の穴うめ問題です．アンドレとマリーの話のテーマは2人が見た映画のことです．このことを念頭において考えていきましょう．なお，書いてありませんが，対話の場所はパリと推測されます．

【会話文の訳】

アンドレ：きのうの晩，君が前に話していた映画，見に行ったよ．
　マリー：それで？　どう思った？
アンドレ：今年の最優秀作の1つだと思う．
　マリー：全く同感だわ．でも，大勢の人がこれを批判したのよ．
アンドレ：多分，彼らはこの作品を理解できなかったんだよ．
　マリー：ロンドンではこれを見るために行列していたそうよ．
アンドレ：こことは違うね．
　マリー：とにかく，わたしはそれをもう1度見てみたい．
アンドレ：僕もだ．でもすぐじゃない．いったん少し忘れてからのほうがいい．

(1) 以前にマリーが話していた映画を昨日見に行ったとアンドレが言います．それで，感想はどうかと聞いているのです．⑥は **que pensez-vous de...?**「～についてどう考えるか？」という質問で，de... の部分を代名詞 en で受けた形です．これで「それのことをどう思うか？」という決まり文句になります．⑦「どうしたの？何が起こったの？」は見当はずれです．

(2) アンドレはその映画が今年の最優秀作の1つであるという感想を述べました．それに対する応答です．③「わたしはあなたと意見が違う．」と④「全く同感です．」が考えられますが，どちらを選ぶかは次のことばで判断します．「それなのに多くの人たちがこれを批判した．」

(3) ロンドンではその映画を見るために人々が行列を作っているという話に対する反応です．①「それは同じだ．」と②「こことは違うね．」が考えられます．その映画に関するパリとロンドンでの評価の違いです．なお，**il paraît que...** は非人称構文で，「～といううわさだ，～だそうだ」という意味です．

(4) マリーがもう1度見てみたいと言ったので，自分もそうだが，「ただし～」と続けます．いったん少し忘れて，新鮮な気持ちでもう1度見たいということです．

[解答]　(1) ⑥　　(2) ④　　(3) ②　　(4) ⑤

類題 2

次の会話を読み，(1)〜(4) に入れるのに最も適切なものを，下の ①〜⑦ のなかから 1 つずつ選び，解答欄のその番号にマークしてください．ただし，同じものを複数回用いることはできません．なお，①〜⑦ では文頭にくるものも小文字にしてあります．

L'employé: Bonjour, monsieur.　Vous désirez ?
Le client: Je cherche un appartement.
L'employé: (1) ?
Le client: Non, à louer.
L'employé: Vous voulez combien de pièces ?
Le client: Trois pièces.
L'employé: (2) ?
Le client: J'aimerais bien dans le Quartier Latin.
L'employé: Ah ! J'ai un trois pièces* près du Jardin du Luxembourg.
Le client: Euh, (3) ?
L'employé: Non, pas trop cher.　1 100 euros par mois.
Le client: (4).　Je peux le voir ?
L'employé: Bien sûr.　Je vous emmène en voiture.

*un trois pièces : 3 部屋のアパルトマン

① à acheter
② à vendre
③ c'est un loyer raisonnable pour moi
④ c'est trop cher peut-être
⑤ c'est un peu trop cher pour moi
⑥ et dans quel quartier
⑦ qu'est-ce que vous voulez voir

解答番号	解　答　欄
(1)	① ② ③ ④ ⑤ ⑥ ⑦
(2)	① ② ③ ④ ⑤ ⑥ ⑦
(3)	① ② ③ ④ ⑤ ⑥ ⑦
(4)	① ② ③ ④ ⑤ ⑥ ⑦

第9問　会話文穴うめ問題

[解説] 不動産屋の店内における従業員と客の対話です．従業員は客の希望を聞き出すための質問をします．その流れがわかればそれほどむずかしくないと思います．

【会話文の訳】

従業員：いらっしゃいませ．何のご用でしょう？
　客　：マンションを探しているのですが．
従業員：ご購入ですか？
　客　：いえ，賃貸です．
従業員：何部屋をお望みですか？
　客　：3部屋です．
従業員：で，場所はどの辺が？
　客　：カルチエ・ラタンだといいんですが．
従業員：そうですか．リュクサンブール公園近くに3部屋のがありますよ．
　客　：でも，多分高すぎるのではないかな？
従業員：いえ，さほど高くはありません．月1,100ユーロです．
　客　：それならわたしにとって妥当な家賃です．見ることができますか？
従業員：もちろんです．車でお連れしましょう．

(1) 客の希望が購入なのか賃貸なのかをたずねています．考えられるのは①か②ですが，②「売りですか？」だと，客の前のことばと矛盾します．
(2) どの地域を望むかをたずねる質問です．⑦「あなたは何を見たいのか？」は見当外れです．⑥「で，どの地域ですか？」を選びます．
(3) 家賃についての客の心配です．⑤「それはちょっとわたしには高すぎる．」は，まぎらわしいですが，まだ値段を聞いていないのに言う表現としては変です．④「多分高すぎるのではないかな？」を入れます．
(4) 客が家賃について納得したことを言っています．④ですと，次のことばと矛盾してきます．③「それはわたしにとって妥当な家賃です．」を選びます．

[解答]　(1) ①　　(2) ⑥　　(3) ④　　(4) ③

類題 3

次の会話を読み，(1)～(4) に入れるのに最も適切なものを，下の ①～⑦ のなかから 1 つずつ選び，解答欄のその番号にマークしてください．ただし，同じものを複数回用いることはできません．

Jacques: Papa, j'ai faim, je meurs de faim.
Le père: Patiente un peu. Regarde, il y a un restaurant là-bas.
Jacques: Ah, non, (1).
Le père: Tu ne veux pas entrer ?
Jacques: Je veux manger un biftseck de très bonne qualité.
Le père: Tu penses qu'(2) de bifteck ?
Jacques: Si, certainement. Mais voilà, (3) l'autre jour avec des amis.
Le père: La cuisine n'était pas bonne ?
Jacques: Non, (4).
Le père: Alors, cherchons un autre restaurant.

① extrêmement pas
② il est trop petit
③ j'ai mangé là
④ je suis sorti
⑤ on n'y sert pas
⑥ on n'y vend pas
⑦ pas beaucoup

解答番号	解　答　欄
(1)	① ② ③ ④ ⑤ ⑥ ⑦
(2)	① ② ③ ④ ⑤ ⑥ ⑦
(3)	① ② ③ ④ ⑤ ⑥ ⑦
(4)	① ② ③ ④ ⑤ ⑥ ⑦

118　第9問　会話文穴うめ問題

解説　ジャックと父親の会話です．食事をするためにレストランを探している場面です．息子は中学生くらいの年齢と考えてください．

【会話文の訳】
ジャック：パパ，僕おなかがすいた．腹ペコで死にそうだ．
　　父　：ちょっと辛抱しなさい．見てごらん，あそこにレストランがある．
ジャック：いや，だめ，あそこは小さすぎるよ．
　　父　：入りたくないのかい？
ジャック：うん，僕はごく上等なステーキを食べたいんだ．
　　父　：あそこではステーキを出さないと思っているの？
ジャック：いや，確かに出すけど．実はね，僕はこの間あそこで友達といっしょに食事をしたんだよ．
　　父　：うまくなかったのかい？
ジャック：うん，ひどくね．
　　父　：じゃあ，別のレストランを探そう．

(1) そのレストランにケチをつけるためのことばです．②「あれは小さすぎるよ」を選びます．
(2) de bifteck とありますから，その前が否定形であることがわかります．⑤か⑥が考えられますが，⑥「そこでは売っていない」はレストランですから変です．⑤「そこでは出さない」を選びます．
(3) ③か④が考えられます．でも，④「わたしは外出した」は次につながっていきません．それで，③「僕はそこで食事をした」を入れます．
(4) ①か⑦ですが，⑦「それほどでもない」だと，ジャックの真意に反します．①「極端にひどく」を選びます．

解答　(1) ②　　(2) ⑤　　(3) ③　　(4) ①

聞き取り試験

　聞き取り試験は，毎回必ず3題出題されます．このうち，第1問は会話文の部分書き取り，第2問は挿絵付きの短文聞き取り，第3問は会話文聞き取りです．配点はそれぞれ10点，合計30点になります．

　この部門は，配点の比重が大きく，最も重要な分野ですが，受験生の正答率が低いということが毎回言われています．やはり教室での勉強だけでは不十分ですから，付属のCDを利用すると同時に，フランス語の視聴覚教材（『仏検対策　聴く力演習　3級』，『フランス語の書きとり・聞きとり練習・初級編』（エディション・フランセーズ）など）を繰り返し聞くなどして，しっかり準備してください．また，ラジオやテレビのフランス語講座を視聴して，ふだんから耳を慣らすことはたいへんよい勉強になります．

第1問
部分書き取り問題

　比較的短いテキストの一部が空白になっていて，その部分を耳で聞いて書き取ります．問題数は5つで配点は10点です．

　テキストの内容は平易な会話文です．言うまでもなく，書き取りですから，発音を聞き取る能力のほかに，つづり字が書けないといけません．リエゾン，エリジョンや発音されない語尾の子音字に注意を払う必要があります．また，形容詞や過去分詞の性数の一致など，文法的な知識も活用しましょう．

過去問

次は，ルイと由美の会話です．
- 1回目は全体を通して読みます．❶
- 2回目は，ポーズをおいて読みますから，(1)〜(5) の部分を解答欄に書き取ってください．それぞれの（　）内に入るのは1語とはかぎりません．❷
- 最後（3回目）に，もう1回全体を通して読みます．❶
- 読み終えてから60秒，見なおす時間があります．
- 数を記入する場合は算用数字で書いてかまいません．
  （メモは自由にとってかまいません）
  （CDを聞く順番）❶→❷→❶

Louis: Tu viens déjeuner avec moi ?
Yumi: Oui, mais (1) ça, je dois passer à la poste.
Louis: Nous (2) ensemble, si tu veux.
Yumi: Merci.　J'envoie une carte de Noël à mes (3).
Louis: Tu sais, il y a des timbres spéciaux pour les (4).
Yumi: (5)！　Ça leur fera plaisir.

解答番号	解 答 欄
(1)	
(2)	
(3)	
(4)	
(5)	

122　第1問　部分書き取り問題

[解説] 部分書き取りの問題です．ルイは由美に昼食に行かないかと誘います．由美はその前に郵便局に行く必要があるので，2人でいっしょに行くことにします．書き取ることばはいずれも基本的なものばかりですからやさしいと思います．

(読まれる会話文) ❶ ❷

Louis： Tu viens déjeuner avec moi ?
Yumi： Oui, mais (*avant*)⁽¹⁾ ça, je dois passer à la poste.
Louis： Nous (*y allons*)⁽²⁾ ensemble, si tu veux.
Yumi： Merci.　J'envoie une carte de Noël à mes (*parents*)⁽³⁾.
Louis： Tu sais, il y a des timbres spéciaux pour les (*fêtes*)⁽⁴⁾.
Yumi： (*Bonne idée*)⁽⁵⁾ !　Ça leur fera plaisir.

【会話文の訳】
ルイ：僕といっしょにお昼を食べに行かない？
由美：いいわ，でも，その前に郵便局に行かなければならないの．
ルイ：よかったら，いっしょに行くよ．
由美：ありがとう．両親にクリスマスカードを送るのよ．
ルイ：ねえ，祝祭用の特別切手があるよ．
由美：いいわね．両親もよろこぶと思うわ．

(1)「その前に」という表現です．前置詞を入れます．
(2) Nous と y がリエゾンすることに注意してください．y は à la poste を受けています．
(3) これはやさしいでしょう．
(4)「祭り，祝祭日」という意味のことばです．e のうえにアクサンを付けるのを忘れないようにしましょう．
(5) 決まり文句です．これはご存知でしょう．

[解答]　(1) **avant**　　(2) **y allons**　　(3) **parents**　　(4) **fêtes**
　　　　(5) **Bonne idée**

類題 1

次は，クレールとポールの会話です．
- 1回目は全体を通して読みます．❸
- 2回目は，ポーズをおいて読みますから，(1)～(5)の部分を解答欄に書き取ってください．それぞれの（　）内に入るのは1語とはかぎりません．❹
- 最後（3回目）に，もう1回全体を通して読みます．❸
- 読み終えてから60秒，見なおす時間があります．
- 数を記入する場合は算用数字で書いてかまいません．
  （メモは自由にとってかまいません）
  （CDを聞く順番）❸→❹→❸

Claire: Allez-vous souvent en Angleterre ?
Paul: Oui, de temps en temps (1).
Claire: Vous y avez (2), autrefois, n'est-ce pas ?
Paul: Non, mais (3) l'occasion d'y faire plusieurs séjours pendant les vacances.
Claire: Combien de temps faut-il compter de Paris à Londres (4) ?
Paul: Environ (5).
Claire: C'est vraiment très vite fait.

解答番号	解　答　欄
(1)	
(2)	
(3)	
(4)	
(5)	

第1問　部分書き取り問題

解説 部分書き取りの問題です．クレールはイギリスに旅行をするつもりがあり，何度も行ったことのあるポールにいろいろ聞いています．

(読まれる会話文) ❸ ❹

Claire: Allez-vous souvent en Angleterre ?
Paul: Oui, de temps en temps (*pour affaires*)(1).
Claire: Vous y avez (*vécu*)(2), autrefois, n'est-ce pas ?
Paul: Non, mais (*j'ai eu*)(3) l'occasion d'y faire plusieurs séjours pendant les vacances.
Claire: Combien de temps faut-il compter de Paris à Londres (*en avion*)(4) ?
Paul: Environ (*une heure*)(5).
Claire: C'est vraiment très vite fait.

【会話文の訳】
クレール：あなたはよくイギリスに行きますか？
ポール：ええ，ときどき仕事で行きます．
クレール：昔，住んでいたことがあったのではありませんか？
ポール：いいえ，でも，ヴァカンスのときに何回か滞在したことがあります．
クレール：飛行機だと，パリからロンドンまでどのくらいかかるものですか？
ポール：約1時間です．
クレール：本当にすぐですね．

(1) 「仕事で」「ビジネスで」に当たるフランス語です．この場合，affaires は複数形にします．
(2) vivre の複合過去です．過去分詞がむずかしいですね．
(3) avoir の複合過去を入れます．**avoir l'occasion de...** は「～する機会を得る」という言い回しです．
(4) 「飛行機で」に当たるフランス語です．
(5) 「1時間」です．つづり字を間違えないように．

解答　(1) **pour affaires**　(2) **vécu**　(3) **j'ai eu**　(4) **en avion**
　　　　(5) **une heure**

類題 2

次は，ジャンとエレーヌの会話です．
- 1回目は全体を通して読みます．❺
- 2回目は，ポーズをおいて読みますから，(1)〜(5) の部分を解答欄に書き取ってください．それぞれの（　）内に入るのは1語とはかぎりません．❻
- 最後 (3回目) に，もう1回全体を通して読みます．❺
- 読み終えてから60秒，見なおす時間があります．
- 数を記入する場合は算用数字で書いてかまいません．
  (メモは自由にとってかまいません)
  (CD を聞く順番) ❺→❻→❺

Jean: Qu'est-ce que tu fais ce soir ?
Hélène: Je ne sais pas encore. Nicole doit me téléphoner un peu (1).
Jean: Tu sors avec elle ?
Hélène: (2). Si elle est libre, nous irons dîner au restaurant.
Jean: Si Nicole ne téléphone pas ou n'est pas libre, sortons (3).
Hélène: Bien sûr ! Où penses-tu aller ?
Jean: Nous pourrions aller prendre un verre (4).
Hélène: À Montmartre par exemple.
Jean: (5) ? C'est un quartier sympa.

解答番号	解　答　欄
(1)	
(2)	
(3)	
(4)	
(5)	

第1問　部分書き取り問題

解説　部分書き取りの問題です．ジャンとエレーヌが今晩の予定を話し合っています．ニコルの予定が問題ですが，エレーヌは彼女と先約があると考えられます．

(読まれる会話文)　❺ ❻

Jean： Qu'est-ce que tu fais ce soir ?
Hélène： Je ne sais pas encore．Nicole doit me téléphoner un peu (*plus tard*)⁽¹⁾．
Jean： Tu sors avec elle ?
Hélène： (*Ça dépend*)⁽²⁾．Si elle est libre, nous irons dîner au restaurant.
Jean： Si Nicole ne téléphone pas ou n'est pas libre, sortons (*ensemble*)⁽³⁾．
Hélène： Bien sûr !　Où penses-tu aller ?
Jean： Nous pourrions aller prendre un verre (*quelque part*)⁽⁴⁾．
Hélène： À Montmartre par exemple.
Jean： (*Pourquoi pas*)⁽⁵⁾ ?　C'est un quartier sympa.

【会話文の訳】
　ジャン：今晩何するの？
　エレーヌ：まだわからない．もうちょっとしたら，ニコルが電話をくれるはずなの．
　ジャン：彼女といっしょに出かけるの？
　エレーヌ：場合によるのよ．もし彼女が暇なら，夕食をしにレストランに行くつもり．
　ジャン：もしニコルが電話をくれないか暇がなかったら，いっしょに出かけない？
　エレーヌ：もちろんいいわよ．どこに行くつもり？
　ジャン：どこかに行って一杯やるのもいいんじゃないかな．
　エレーヌ：たとえばモンマルトルはどう？
　ジャン：いいね．あそこは感じのよい街だから．

(1) 英語の later に当たる「もう少し後で」という意味のフランス語です．
(2) 「それは場合による」という意味の決まり文句です．
(3) 「いっしょに」という意味のことばです．日本語にもなっています．
(4) 「どこかで」という意味のことばです．否定だと nulle part「どこにも～ない」になります．
(5) 「いいですね．」と賛成する決まり文句です．

解答　(1) **plus tard**　(2) **Ça dépend**　(3) **ensemble**
　　　　(4) **quelque part**　(5) **Pourquoi pas**

類題 3

次は，ルグラン夫人とデュボワ氏の会話です．
- 1回目は全体を通して読みます． ❼
- 2回目は，ポーズをおいて読みますから，(1)〜(5) の部分を解答欄に書き取ってください．それぞれの（　）内に入るのは1語とはかぎりません． ❽
- 最後（3回目）に，もう1回全体を通して読みます． ❼
- 読み終えてから60秒，見なおす時間があります．
- 数を記入する場合は算用数字で書いてかまいません．
 （メモは自由にとってかまいません）
 （CDを聞く順番） ❼ → ❽ → ❼

Mme Legrand : Combien de (1) y a-t-il chez vous ?
 M. Dubois : Il y en a trois : une chambre à coucher, un salon, et un bureau. Naturellement, il y a la (2) et la cuisine.
Mme Legrand : Une chambre d'enfants ?
 M. Dubois : Nous n'avons pas d'enfants.
Mme Legrand : N'y a-t-il pas de salle à manger ?
 M. Dubois : Non, notre cuisine fait (3) cuisine et salle à manger.
Mme Legrand : Votre maison est-elle (4) de la ville ?
 M. Dubois : Elle est à (5).

解答番号	解　答　欄
(1)	
(2)	
(3)	
(4)	
(5)	

第1問　部分書き取り問題

解説 部分書き取りの問題です．ルグラン夫人がデュボワ氏に彼の家の間取りについてたずねています．

(読まれる会話文) ❼ ❽

Mme Legrand: Combien de (*pièces*)⁽¹⁾ y a-t-il chez vous ?
M. Dubois: Il y en a trois : une chambre à coucher, un salon, et un bureau. Naturellement, il y a la (*salle de bains*)⁽²⁾ et la cuisine.
Mme Legrand: Une chambre d'enfants ?
M. Dubois: Nous n'avons pas d'enfants.
Mme Legrand: N'y a-t-il pas de salle à manger ?
M. Dubois: Non, notre cuisine fait (*à la fois*)⁽³⁾ cuisine et salle à manger.
Mme Legrand: Votre maison est-elle (*loin*)⁽⁴⁾ de la ville ?
M. Dubois: Elle est à (*20 kilomètres*)⁽⁵⁾.

【会話文の訳】
ルグラン夫人：お宅は何部屋ありますか？
デュボワ氏：3部屋です．寝室，客間と書斎です．もちろん，浴室と台所もあります．
ルグラン夫人：子供部屋は？
デュボワ氏：うちは子供がいないんです．
ルグラン夫人：ダイニングはないんですか？
デュボワ氏：ええ，台所がダイニングと兼用なんです．
ルグラン夫人：お宅は町から遠いんですか？
デュボワ氏：20キロです．

(1) フランス語で「部屋」に当たることばは，chambre や salle などいろいろあります．家屋の間取りを表す場合は何と言うでしょうか？
(2) 「浴室」に当たることばです．お風呂はフランス語で何と言いますか？
(3) 「同時に」という意味の熟語です．なおこの場合 faire は「～の役をする」「～の機能を果たす」という意味です．
(4) 「遠くに」という意味のことばを入れます．
(5) 数字の聞き取りです．

解答 (1) **pièces**　(2) **salle de bain(s)**　(3) **à la fois**　(4) **loin**
(5) **20 / vingt kilomètres / km**

第 2 問
短文聞き取り挿絵選択問題

　フランス語の短文を聞き取り，その場面を表している絵を選ぶ問題です．日本語を介さずに，フランス語の音を聞いて，その状況を適切に把握できるかどうかを見るねらいがあります．5 問出題され，選択肢（絵）は 9 つです．配点は 10 点です．

　似通った絵が並べてありますので，それを区別することが必要です．5 問すべてに共通の単語が入っている場合が多く，いい加減に聞いていると，それによって惑わされます．違いを正確に聞き分けなければなりません．日ごろから視聴覚教材などで耳を慣らしておくとよいでしょう．

130　第2問　短文聞き取り挿絵選択問題

過去問

- フランス語の文 (1)〜(5) を，それぞれ 3 回ずつ聞いてください． ❾
- それぞれの文に最もふさわしい絵を，下の ①〜⑨ のなかから 1 つずつ選び，解答欄のその番号にマークしてください．ただし，同じものを複数回用いることはできません．
  （メモは自由にとってかまいません）

解答番号	解　答　欄
(1)	① ② ③ ④ ⑤ ⑥ ⑦ ⑧ ⑨
(2)	① ② ③ ④ ⑤ ⑥ ⑦ ⑧ ⑨
(3)	① ② ③ ④ ⑤ ⑥ ⑦ ⑧ ⑨
(4)	① ② ③ ④ ⑤ ⑥ ⑦ ⑧ ⑨
(5)	① ② ③ ④ ⑤ ⑥ ⑦ ⑧ ⑨

解説　短文聞き取り問題です．聞き取った文に当てはまる状況を表している挿絵を選びます．この問題で読まれる短文はいずれも **l'autobus**「バス」という単語を含んでいます．

(読まれる文) ❾

(1) Elles attendent l'autobus.
(2) Elles montent dans l'autobus.
(3) Elles restent debout dans l'autobus.
(4) Elles sont assises dans l'autobus.
(5) Elles traversent la rue devant l'autobus.

(1)「彼女たちはバスを待っている．」 問題文はすべて Elles で始まっていますが，「彼女たち」というのは，挿絵のお母さんと娘を指していると考えてください．この文のポイントは動詞の attendent (attendre) です．2 人が「待っている」絵を探してください．
(2)「彼女たちはバスに乗る．」 montent (monter) は「登る」という意味ですが，ここではバスに「乗る」ということです．なお，① が紛らわしいですが，こちらは「降りる」で，フランス語で言えば，Elles descendent de l'autobus. となります．
(3)「彼女たちはバスで立ったままでいる．」 debout は副詞で，「立って」という意味です．rester debout は「立ったままでいる」ということです．
(4)「彼女たちはバスですわっている．」 assis はもともと動詞 asseoir (s'asseoir「すわる」) の過去分詞ですが，形容詞として使われ，性数一致します．
(5)「彼女たちはバスの前で道路を横切る．」 traverser la rue は「道路を横切る」ということです．

解答　(1) ⑥　(2) ⑤　(3) ④　(4) ②　(5) ⑨

第2問　短文聞き取り挿絵選択問題

類題 1

- フランス語の文 (1)〜(5) を，それぞれ 3 回ずつ聞いてください．🔟
- それぞれの文に最もふさわしい絵を，下の ①〜⑨ のなかから 1 つずつ選び，解答欄のその番号にマークしてください．ただし，同じものを複数回用いることはできません．

（メモは自由にとってかまいません）

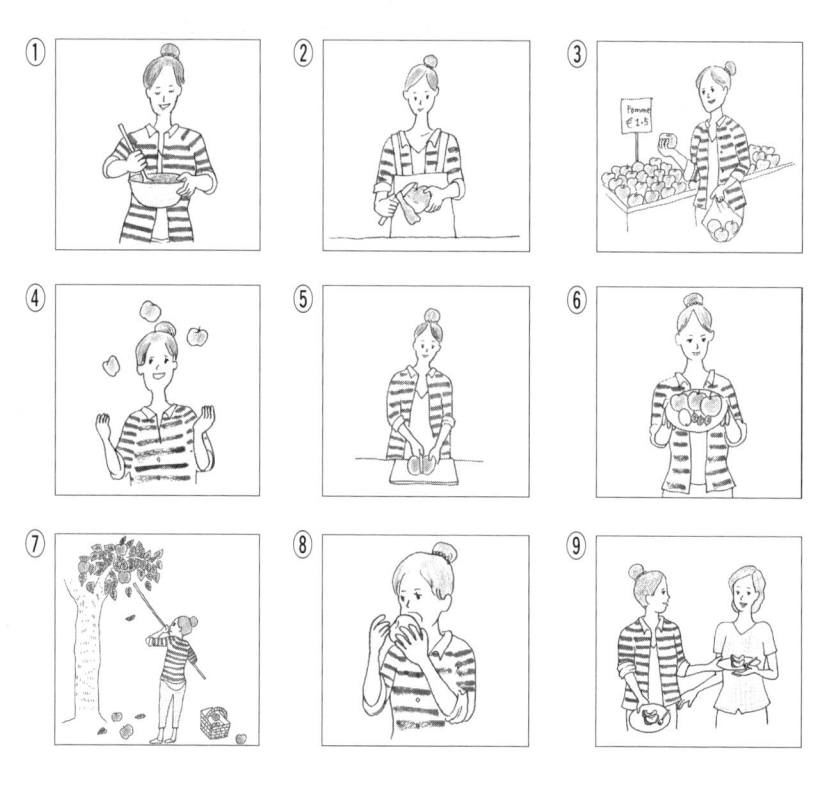

解答番号	解　答　欄
(1)	① ② ③ ④ ⑤ ⑥ ⑦ ⑧ ⑨
(2)	① ② ③ ④ ⑤ ⑥ ⑦ ⑧ ⑨
(3)	① ② ③ ④ ⑤ ⑥ ⑦ ⑧ ⑨
(4)	① ② ③ ④ ⑤ ⑥ ⑦ ⑧ ⑨
(5)	① ② ③ ④ ⑤ ⑥ ⑦ ⑧ ⑨

[解 説] 短文聞き取り問題です．聞き取る文はいずれも **pomme**「リンゴ」という単語を含んでいます．紛らわしいものが混じっていますが，そうむずかしくはないでしょう．

(読まれる文) ❿

(1) Elle achète des pommes.
(2) Elle coupe une pomme en deux.
(3) Elle fait tomber les pommes.
(4) Elle fait une tarte aux pommes.
(5) Elle partage une pomme avec sa sœur.

(1)「彼女はリンゴを買う.」 acheter という動詞は「買う」という意味です．これは問題ないでしょう．
(2)「彼女はリンゴを 2 つに切る.」 couper en deux は「2 つに切る」という言い方です．
(3)「彼女はリンゴを落とす.」 この場合の faire は，次に不定詞をとって「〜させる」という「使役」の意味になります．**faire tomber** で「落とす」という意味です．
(4)「彼女はリンゴのタルトを作る.」 tarte aux pommes は「リンゴのタルト」です．
(5)「彼女は妹とリンゴを分け合う.」 partager... avec... は「〜と〜を分け合う」という言い方です．

[解 答]　(1) ③　　(2) ⑤　　(3) ⑦　　(4) ①　　(5) ⑨

134　第2問　短文聞き取り挿絵選択問題

―― 類題 2 ――

- フランス語の文 (1)〜(5) を，それぞれ 3 回ずつ聞いてください． ⓫
- それぞれの文に最もふさわしい絵を，下の ①〜⑨ のなかから 1 つずつ選び，解答欄のその番号にマークしてください．ただし，同じものを複数回用いることはできません．
  （メモは自由にとってかまいません）

解答番号	解　答　欄
(1)	① ② ③ ④ ⑤ ⑥ ⑦ ⑧ ⑨
(2)	① ② ③ ④ ⑤ ⑥ ⑦ ⑧ ⑨
(3)	① ② ③ ④ ⑤ ⑥ ⑦ ⑧ ⑨
(4)	① ② ③ ④ ⑤ ⑥ ⑦ ⑧ ⑨
(5)	① ② ③ ④ ⑤ ⑥ ⑦ ⑧ ⑨

[解　説] 短文聞き取り問題です．問題文にはすべて **lit**「ベッド」という単語が使われています．ポイントになることばが聞き取れれば迷うことはないと思います．

（読まれる文）❶

(1) Il dort dans un grand lit.
(2) Il fait son lit.
(3) Il prend son petit déjeuner au lit.
(4) Il se met au lit.
(5) Il sort du lit.

(1)「彼は大きなベッドで寝る．」 ホテルで grand lit というと，いわゆる「ダブルベッド」のことです．
(2)「彼はベッドメーキングをする．」 faire son lit はシーツを敷いたり，毛布をかけたりしてベッドを整えることです．
(3)「彼はベッドで朝食をとる．」 ホテルの部屋などでの話だと思ってください．
(4)「彼はベッドに入る．」 se mettre au lit は「ベッドに入る」つまり「寝る」ことです．aller au lit と言っても同じです．
(5)「彼はベッドから出る．」 sortir du lit は「ベッドから出る」つまり「起きる」ことです．

[解　答] (1) ⑤　　(2) ③　　(3) ⑧　　(4) ④　　(5) ①

136　第2問　短文聞き取り挿絵選択問題

類題 3

- フランス語の文 (1)〜(5) を，それぞれ 3 回ずつ聞いてください．❶❷
- それぞれの文に最もふさわしい絵を，下の ①〜⑨ のなかから 1 つずつ選び，解答欄のその番号にマークしてください．ただし，同じものを複数回用いることはできません．
  （メモは自由にとってかまいません）

解答番号	解　答　欄
(1)	① ② ③ ④ ⑤ ⑥ ⑦ ⑧ ⑨
(2)	① ② ③ ④ ⑤ ⑥ ⑦ ⑧ ⑨
(3)	① ② ③ ④ ⑤ ⑥ ⑦ ⑧ ⑨
(4)	① ② ③ ④ ⑤ ⑥ ⑦ ⑧ ⑨
(5)	① ② ③ ④ ⑤ ⑥ ⑦ ⑧ ⑨

|解説| 短文聞き取り問題です．問題文にはすべて **fenêtre**「窓」という単語が使ってあります．ポイントになることばが聞き取れれば迷うことはないでしょう．

(読まれる文) ⓬

(1) Il a fermé la fenêtre.
(2) Il a ouvert la fenêtre.
(3) Il nettoie la fenêtre.
(4) Il regarde le ciel par la fenêtre.
(5) Il tire les rideaux aux fenêtres.

(1)「彼は窓を閉めた．」 fermer は「閉める」です．これはやさしいでしょう．
(2)「彼は窓を開けた．」 ouvert は ouvrir の過去分詞で，時制は複合過去です．
(3)「彼は窓を掃除する．」 nettoyer は「掃除する」という意味です．活用形のつづり字に注意してください．直説法現在の活用で，nous, vous 以外の人称は語尾の前の y が i になります．
(4)「彼は窓から空を眺める．」 この場合 par は「～を通して」というニュアンスです．par la fenêtre で「窓越しに」という意味になります．
(5)「彼は窓のカーテンを引く．」 tirer les rideaux は「カーテンを引く」ですから，開ける場合も閉める場合もあります．

|解答| (1) ④ (2) ① (3) ⑥ (4) ② (5) ⑧

第 3 問
会話文聞き取り問題

　ある程度の長さのあるテキストを聞き取り，その内容に関する文（日本語）の真偽を判定します．テキストの内容はやさしい会話文で，選択肢が日本語になっていますから，あまりむずかしくはないと思います．会話文は 3 回読まれます．最初は全体の内容をつかむようにします．2 回目に読まれるときには質問に関係のある部分に特に注意を集中し，3 回目はそのポイントを確認するというのがよいと思います．問題は 5 問で配点は 10 点です．

> 過去問

- ヴァンサンと母親の会話を 3 回聞いてください．
- 次の (1)〜(5) について，会話の内容に一致する場合は解答欄の ① に，一致しない場合は ② にマークしてください．
  (メモは自由にとってかまいません．)
  (CD を聞く順番) ⓭→⓭→⓭

(1) ヴァンサンは明日ピエールの家に行っていいか，母親にたずねている．

(2) ヴァンサンは夕食を食べてからピエールの家に行く．

(3) ヴァンサンはピエールといっしょに学校の宿題をする．

(4) ヴァンサンはピエールに美しい星々を見せたがっている．

(5) 明日の夜，ヴァンサンはピエールの家に泊まる．

解答番号	解答欄
(1)	① ②
(2)	① ②
(3)	① ②
(4)	① ②
(5)	① ②

第3問　会話文聞き取り問題

解説 会話文を聞き取って，その内容に関する文の真偽を判定する問題です．子供が母親に夜，友達の家に行く許可を求めている場面です．

（読まれる会話文）❸

Vincent: Maman, est-ce que je peux aller chez Pierre demain soir ?
La mère: Oui.　C'est pour le dîner ?
Vincent: Non.　Je vais chez lui après le dîner.
La mère: Vous voulez faire vos devoirs ensemble ?
Vincent: Non.　Pierre s'intéresse aux étoiles, et il veut me les montrer.　Il dit qu'elles sont très jolies en cette saison.
La mère: Je viens te chercher en voiture après ?
Vincent: Ce n'est pas la peine.　Demain, c'est samedi.　Je vais dormir chez lui.

【会話文の訳】
ヴァンサン：お母さん，明日の晩，ピエールの家に行ってもいい？
　母　親：いいわよ．夕食を食べるの？
ヴァンサン：いや，夕食のあとで彼の家に行くの．
　母　親：いっしょに宿題をするの？
ヴァンサン：違うよ．ピエールは星に興味を持っているんだ．それで彼は僕に星を見せたいんだよ．この季節は星がとてもきれいなんだって．
　母　親：あとで車で迎えに行く？
ヴァンサン：その必要はないよ．明日は土曜日だから，僕は彼の家に泊まるんだ．

(1) **est-ce que je peux…?** は「～してもいいですか？」と許可を求める言い方です．
(2) après le dîner「夕食のあとで」と言っていますから明らかですね．
(3) faire ses devoirs は「宿題をする」という言い方です．この意味で devoirs は複数形で使います．
(4) Pierre s'intéresse aux étoiles, et il veut me les montrer. の部分です．後半部の主語 il はもちろんピエールを指します．**s'intéresser à…** は「～に興味を持つ」という言い方です．
(5) Je vais dormir chez lui.「彼の家で眠るつもり」ですから，「泊まる」ということです．

解答　(1) ①　　(2) ①　　(3) ②　　(4) ②　　(5) ①

類題 1

- シャルルとマルティーヌの会話を 3 回聞いてください．
- 次の (1)〜(5) について，会話の内容に一致する場合は解答欄の ① に，一致しない場合は ② にマークしてください．
 （メモは自由にとってかまいません．）
 （CD を聞く順番）⓮ → ⓮ → ⓮

(1) シャルルは今日大学の授業に遅刻した．

(2) シャルルは顔色がよくなくて，病気である．

(3) シャルルは入院した伯母さんの見舞いに行くところである．

(4) マルティーヌはシャルルに話したいことがある．

(5) マルティーヌがシャルルに会えるのは 2 時以降である．

解答番号	解答欄
(1)	① ②
(2)	① ②
(3)	① ②
(4)	① ②
(5)	① ②

142　第3問　会話文聞き取り問題

解説　会話文を聞き取って，その内容に関する文の真偽を判定する問題です．通りで大学生のシャルルとマルティーヌが出会いました．そのときの会話です．

（読まれる会話文）❹

Charles：Bonjour Martine, ça va ?
Martine：Ça va bien. Tu vas être en retard à l'université.
Charles：Je n'y vais pas aujourd'hui. Je vais à l'hôpital.
Martine：Tu es malade ? Pourtant tu as bonne mine.
Charles：Non, ce n'est pas pour moi. Je vais rendre visite à ma tante qui vient d'être hospitalisée.
Martine：Ah bon ! Mais en rentrant de l'hôpital, tu ne pourrais pas venir me voir ? J'ai quelque chose à te dire.
Charles：Si. Peut-être que je serai libre après deux heures.

【会話文の訳】
　　シャルル：マルティーヌ，こんにちは，元気？
マルティーヌ：元気よ．大学に遅刻するわよ．
　　シャルル：僕，今日は行かないんだ．病院に行くんだ．
マルティーヌ：病気なの？　でも顔色はいいじゃない．
　　シャルル：いや，僕じゃないんだ．おばが入院したので見舞いに行くんだよ．
マルティーヌ：そうなの．でも病院からの帰りがけに，わたしに会いに来られないかしら？　ちょっと話したいことがあるのよ．
　　シャルル：いいよ．たぶん2時以降は暇になるから．

(1) シャルルは Je n'y vais pas aujourd'hui.「僕は今日そこに行かない．」とはっきり言っています．代名詞の y は à l'université を受けています．
(2) **avoir bonne mine** は「顔色がよい」です．反対に「顔色が悪い」のは avoir *mauvaise* mine と言います．
(3) **rendre visite à...** は「～を訪問する」という意味ですが，病人などを「見舞う」というときにも使います．
(4) J'ai quelque chose à te dire. の部分です．直訳すれば，「わたしはあなたに話すべき何かを持つ．」ですが，言わんとすることはわかりますね．
(5) après deux heures ですから，迷うところはないと思います．

解答　(1) ②　　(2) ②　　(3) ①　　(4) ①　　(5) ①

―― 類題 2 ――

- 八百屋と客の奥さんの会話を 3 回聞いてください．
- 次の (1)〜(5) について，会話の内容に一致する場合は解答欄の ① に，一致しない場合は ② にマークしてください．
 （メモは自由にとってかまいません．）
 （CD を聞く順番）⓯ → ⓯ → ⓯

(1) 奥さんはマッシュルームが買いたいが，汚れているのはいやだと言う．

(2) 結局奥さんはマッシュルームを買わない．

(3) 奥さんはマッシュルームの次にモモを買おうとする．

(4) 奥さんは小さいモモを買う．

(5) 奥さんはオレンジを 2 キロ買う．

解答番号	解答欄
(1)	① ②
(2)	① ②
(3)	① ②
(4)	① ②
(5)	① ②

第3問　会話文聞き取り問題

解　説　会話文を聞き取って，その内容に関する文の真偽を判定する問題です．ここは買い物の場面，八百屋と奥さんのやり取りです．この奥さんはなかなかやかましい人で，いろいろ注文をつけます．そこを聞き取ってください．少しむずかしいかもしれません．

（読まれる会話文）❶❺

Le marchand : Vous désirez ?
 La dame : Je voudrais des champignons.
Le marchand : En voilà.
 La dame : Non, pas ces champignons, ils sont sales.
Le marchand : Vous pouvez les laver.
 La dame : Donnez-moi de ces champignons là-bas, ils sont un peu plus propres.
Le marchand : C'est tout, Madame ?
 La dame : Et ensuite, des pêches.
Le marchand : Elles sont là, Madame.
 La dame : Non, elles sont trop petites.
Le marchand : Vous ne les voulez pas, celles-là ?
 La dame : Non.　S'il y avait des oranges…
Le marchand : Là-bas.
 La dame : Bien, j'en prends deux kilos.

【会話文の訳】
八百屋：何にいたしましょう？
奥さん：マッシュルームがほしいんですけど．
八百屋：そこです．
奥さん：いや，こっちのマッシュルームじゃないのを，これ汚れているわ．
八百屋：洗えば大丈夫ですよ．
奥さん：あっちのマッシュルームをちょうだい，そっちのほうが少しはきれいだから．
八百屋：おあとは何を？
奥さん：次は，モモ．
八百屋：そこです．
奥さん：だめ，小さすぎるわ．
八百屋：いらないんですか？
奥さん：ええ．オレンジがあればもらうわ．

八百屋：あそこです．
奥さん：じゃあ，それ 2 キロいただくわ．

(1) sale と propre は反対の意味のことばです．この程度は覚えていますね．
(2) こっちのは汚れているので，あっちのをくれと言っています．なお，Donnez-moi de ces champignons là-bas の de は全部ではなく一部分であることを表します．
(3) Et ensuite, des pêches. と言っていますから，モモを買うわけです．
(4) Vous ne les voulez pas ? と八百屋が聞いたのに対し，奥さんは Non.「いりません」と答えています．この les はもちろん pêches を受けています．celles-là も同様に pêches を指しています．言いかえると ces pêches-là ということで，「そっちのモモ」と繰り返したわけです．
(5) j'en prends deux kilos の en は oranges を受けています．je prends deux kilos d'oranges と言うかわりです．

[解 答] (1) ①　　(2) ②　　(3) ①　　(4) ②　　(5) ①

類題 3

- 観光客と係員の会話を 3 回聞いてください．
- 次の (1)～(5) について，会話の内容に一致する場合は解答欄の ① に，一致しない場合は ② にマークしてください．
  （メモは自由にとってかまいません．）
  （CD を聞く順番） ⓰ → ⓰ → ⓰

(1)　郵便局の近くに 1 軒ホテルがある．

(2)　この町にデラックスなホテルはない．

(3)　現在ホテルの空き部屋はごく少ない．

(4)　現在たくさんの観光客がこの町に来ている．

(5)　来週の月曜日からフェスティヴァルが始まる．

解答番号	解答欄
(1)	① ②
(2)	① ②
(3)	① ②
(4)	① ②
(5)	① ②

解説 会話文を聞き取って，その内容に関する文の真偽を判定する問題です．観光客と案内所の係員のやり取りです．客はホテルを探しています．

(読まれる会話文) ⓰
- **Le touriste**: Bonjour, Mademoiselle, y a-t-il un bon hôtel par ici ?
- **L'employée**: Oui, certainement. Tenez, il y en a un à côté du bureau de poste. Il y en a d'autres par là aussi. Mais ce sont des hôtels de luxe.
- **Le touriste**: Y a-t-il des chambres libres ?
- **L'employée**: Il y en a peu, très peu, car il y a beaucoup de touristes dans la ville en ce moment.
- **Le touriste**: Tant pis ! ... mais pourquoi ?
- **L'employée**: Parce qu'il y a un festival depuis lundi dernier.

【会話文の訳】
- 観光客：こんにちは，この辺によいホテルありますか？
- 係員：はい，もちろん．ほら，あそこの郵便局の隣に1つあります．また，あちらには別のもあります．でもそれはデラックスなホテルです．
- 観光客：空いてる部屋はあるでしょうか？
- 係員：あまりありません，ごく少ないです．というのも，現在この町にはたくさんの観光客が来ているからです．
- 観光客：仕方がないですね．でも，なぜですか？
- 係員：この前の月曜日からフェスティヴァルがあるからです．

(1) Il y en a un à côté du bureau de poste, là-bas. の en はもちろん hôtel を受けています．
(2) Mais il y en a d'autres par là. の en も hôtels を受けています. il y a d'autres hôtels... ということです．
(3) Il y en a peu, très peu... の en は chambres libres を受けます．Il y a peu, très peu de chambres libres... ということです．peu de は un peu de と異なり，否定的なニュアンスであることに注意しましょう．
(4) il y a beaucoup de touristes dans la ville en ce moment の部分です．問題ないでしょう．
(5) depuis lundi dernier ですから「この前の月曜日から」です．

解答 (1) ①   (2) ②   (3) ①   (4) ①   (5) ②

模擬試験第1回

（解答 p. 172〜）

筆 記 試 験

1 次の日本語の表現 (1)〜(4) に対応するように，（　）内に入れるのに最も適切なフランス語（各1語）を，**示されている最初の文字とともに**，解答欄に書いてください．（配点 8）

(1) 頭が痛いです．
　　J'ai (m　　　) à la tête.

(2) いい旅を！
　　Bon (v　　　) !

(3) ちょっと待ってください．
　　Un (m　　　), s'il vous plaît.

(4) ではいずれ近いうちに．
　　À un de ces (j　　　) !

解答番号	解　答　欄
(1)	
(2)	
(3)	
(4)	

2　次の対話 (1)〜(5) の (　　) 内の語を必要な形にして，解答欄に書いてください．（配点 10）

(1) — Il est gravement malade ?
　　— Non, ça (aller) mieux dans quelques jours.

(2) — Il y a longtemps que tu es là ?
　　— Non, je (venir) d'arriver.

(3) — Il faut qu'on (partir) tout de suite.
　　— Ça y est.　Je suis prêt.

(4) — Qu'est-ce qu'elle faisait quand tu es rentrée ?
　　— Elle (lire).

(5) — Tu as répondu à la lettre de Paul ?
　　— Oui, je lui (écrire) hier.

解答番号	解　答　欄
(1)	
(2)	
(3)	
(4)	
(5)	

3 次の (1)〜(4) の (　) 内に入れるのに最も適切なものを，それぞれ ①〜③ のなかから 1 つずつ選び，解答欄のその番号にマークしてください．
（配点 8）

(1)　Elles sont françaises ?　— Oui, elles (　　) sont.
　　　① le　　　　　② les　　　　　③ y

(2)　Tu aimes le chocolat ?　Attention, il ne faut pas (　　) manger trop.
　　　① en　　　　　② le　　　　　③ y

(3)　(　　) vient avec nous au cinéma ?
　　　① Qu'est-ce que　② Qu'est-ce qui　③ Qui est-ce qui

(4)　Sa mère ?　Non, je ne (　　) connais pas.
　　　① la　　　　　② le　　　　　③ lui

解答番号	解　答　欄		
(1)	①	②	③
(2)	①	②	③
(3)	①	②	③
(4)	①	②	③

4 次の (1)〜(4) の (　) 内に入れるのに最も適切なものを，下の ①〜⑥ のなかから 1 つずつ選び，解答欄のその番号にマークしてください．ただし，同じものを複数回用いることはできません．なお，①〜⑥ では文頭にくるものも小文字にしてあります．(配点 8)

(1) Appuyez (　　) ce bouton.

(2) Ce livre est (　　) Jean, n'y touche pas !

(3) Le ciel est couvert (　　) nuages.

(4) (　　) quelle raison n'est-il pas venu ?

① à　　　　② dans　　　　③ de

④ par　　　⑤ pour　　　　⑥ sur

5 例にならい，次の (1)〜(4) において，それぞれ ①〜⑤ をすべて用いて文を完成したときに，（　）内に入るのはどれですか．①〜⑤ のなかから 1 つずつ選び，解答欄のその番号にマークしてください．（配点 8）

例：Je finis ＿＿ ＿＿ （＿＿） ＿＿ ＿＿ possible.
　　① le　② mon　③ plus　④ travail　⑤ vite
　　Je finis mon travail (le) plus vite possible.
　　　　　　②　　④　　①　　③　⑤
　　となり，②④①③⑤ の順なので，（　）内に入るのは ①．

(1)　Avez-vous lu ＿＿ ＿＿ （＿＿） ＿＿ ＿＿ ai donné ?
　　　① je　② le　③ livre　④ que　⑤ vous

(2)　J'ai vu les ＿＿ ＿＿ （＿＿） ＿＿ ＿＿.
　　　① dans　② la　③ marcher　④ rue　⑤ soldats

(3)　Je lui ai ＿＿ ＿＿ （＿＿） ＿＿ ＿＿.
　　　① de　② dit　③ me　④ venir　⑤ voir

(4)　Je ne me ＿＿ ＿＿ （＿＿） ＿＿ ＿＿ erreur.
　　　① aperçu　② de　③ mon　④ pas　⑤ suis

解答番号	解　答　欄
(1)	① ② ③ ④ ⑤
(2)	① ② ③ ④ ⑤
(3)	① ② ③ ④ ⑤
(4)	① ② ③ ④ ⑤

6 次の (1)〜(4) の **A** と **B** の対話を完成させてください．**B** の下線部に入れるのに最も適切なものを，それぞれ ①〜③ のなかから 1 つずつ選び，解答欄のその番号にマークしてください．（配点 8）

(1) **A**: Que dit la météo ?
   B: _____
   A: Alors, si on allait faire du vélo ?
   ① Elle prévoit le temps.
   ② Il fera beau demain.
   ③ Il pleuvra demain.

(2) **A**: Tu aimes aller au bord de la mer ?
   B: _____
   A: Moi, je préfère la montagne.
   ① Non, j'ai horreur de l'eau.
   ② Non, je ne sais pas nager.
   ③ Oui, j'y vais chaque fois que je peux.

(3) **A**: Jacques a eu un accident.
   B: _____
   A: Si, il vient d'être hospitalisé.
   ① C'est grave ?
   ② Comment ! mais ce n'est pas possible !
   ③ Sa voiture est en panne.

(4) **A**: Madame Legrand est-elle chez elle ?
   B: _____
   A: En ce cas, je reviendrai dans une heure.
   ① Non, elle vient de sortir.
   ② Oui, elle est à la maison.
   ③ Si, elle est là.

解答番号	解 答 欄		
(1)	①	②	③
(2)	①	②	③
(3)	①	②	③
(4)	①	②	③

7 次の (1)〜(6) の (　) 内に入れるのに最も適切なものを，下の ①〜⑧ のなかから 1 つずつ選び，解答欄のその番号にマークしてください．ただし，同じものを複数回用いることはできません．(配点 6)

(1) Avec le poisson, il vaut mieux prendre du (　) blanc.

(2) Dimanche, je vais écouter un (　) de l'Orchestre de Paris.

(3) Je vais acheter des médicaments à la (　).

(4) La (　) se met à gauche de l'assiette, le couteau et la cuiller à droite.

(5) Si votre train n'arrive pas trop tard, j'irai vous chercher à la (　).

(6) Tu connais le nom du (　) qui traverse Paris ?

① concert   ② fleuve   ③ fourchette   ④ gare
⑤ musique   ⑥ pharmacie ⑦ rivière   ⑧ vin

8 次の文章を読み，下の (1)〜(6) について，文章の内容に一致する場合は解答欄の ① に，一致しない場合は ② にマークしてください．（配点 6）

M. Dupont ne se sent pas bien* depuis quelque temps. Et il va souvent chez son médecin.

Sa femme ne le prend pas très au sérieux**, et ses amis en ont assez de l'entendre parler de ses maladies. Seul le médecin l'écoute avec patience.

Et ce matin encore, en se levant, M. Dupont a eu des palpitations***. Il a eu très peur, car son père est mort d'une maladie de cœur et il s'imagine toujours qu'il va lui arriver la même chose. Immédiatement, et malgré l'avis contraire de sa femme, il a fait appeler le docteur.

Le docteur, qui avait des visites à faire avant, n'est arrivé qu'en fin de matinée.

*se sentir bien：気分がよい
**prendre... au sérieux：〜をまじめに取り扱う
***palpitation：動悸

(1) デュポン氏はしばらく前から具合がよくないので，しょっちゅう医者通いをしている．
(2) 彼の妻や友人たちは彼の病状をあまり心配していない．
(3) 彼の先生は彼の話をゆっくり聞いてくれない．
(4) 彼の父親は心臓病で亡くなり，彼は同じ病気で死ぬことを恐れている．
(5) 今朝，彼は妻の意見に従って，医者の往診を頼むことにした．
(6) 医者は午前中一番で往診に来てくれた．

解答番号	解答欄
(1)	① ②
(2)	① ②
(3)	① ②
(4)	① ②
(5)	① ②
(6)	① ②

9　次の会話を読み，(1)〜(4) に入れるのに最も適切なものを，下の ①〜⑦ のなかから 1 つずつ選び，解答欄のその番号にマークしてください。ただし，同じものを複数回用いることはできません。なお，①〜⑦ は文頭にくるものも小文字にしてあります。（配点 8）

Le docteur : Je trouve que vous avez grossi. (1).

M. Durand : Il est vrai que je suis assis toute la journée.

Le docteur : Pourquoi n'allez-vous pas à la piscine de temps à autre ?

M. Durand : (2).

Le docteur : Si vous vous leviez plus tôt, vous pourriez jouer au tennis.

M. Durand : (3) pour aller au bureau !

Le docteur : Alors, (4), de rentrer à pied le soir.

M. Durand : Ah non ! J'aime encore mieux être gros que de faire un effort.

① essayez de marcher un peu
② j'ai déjà du mal à me réveiller à temps
③ j'ai du mal à dormir.
④ parce que j'ai peur de l'eau
⑤ parce que je préfère la mer
⑥ vous devriez faire du sport
⑦ vous devriez manger moins

解答番号	解答欄
(1)	① ② ③ ④ ⑤ ⑥ ⑦
(2)	① ② ③ ④ ⑤ ⑥ ⑦
(3)	① ② ③ ④ ⑤ ⑥ ⑦
(4)	① ② ③ ④ ⑤ ⑥ ⑦

聞き取り試験

1 次は，ジャンとナタリーの会話です．
- 1回目は全体を通して読みます．⓱
- 2回目は，ポーズをおいて読みますから，(1)〜(5) の部分を解答欄に書き取ってください．それぞれの（　）内に入るのは1語とはかぎりません．⓲
- 最後（3回目）に，もう1回全体を通して読みます．⓱
- 読み終えてから60秒，見なおす時間があります．
- 数を記入する場合は算用数字で書いてかまいません．
  （メモは自由にとってかまいません）（配点 10）
  （CD を聞く順番）⓱→⓲→⓱

　　Jean: Bonjour Nathalie, où est-ce que tu vas ?
Nathalie: Je vais au cinéma, Jean.
　　Jean: (1) quel film en ce moment ?
Nathalie: « Rashomon », un (2) film japonais.
　　Jean: Ah ! c'est merveilleux ! (3) de regarder ce film, depuis longtemps.
Nathalie: Si tu veux, et (4), accompagne-moi.
　　Jean: Quel bonheur ! C'est (5) que je vais au cinéma avec toi !

解答番号	解　答　欄
(1)	
(2)	
(3)	
(4)	
(5)	

158　模擬試験第 1 回

2

- フランス語の文 (1)〜(5) を，それぞれ 3 回ずつ聞いてください．🔊
- それぞれの文に最もふさわしい絵を，下の ①〜⑨ のなかから 1 つずつ選び，解答欄のその番号にマークしてください．ただし，同じものを複数回用いることはできません．（配点 10）

（メモは自由にとってかまいません）

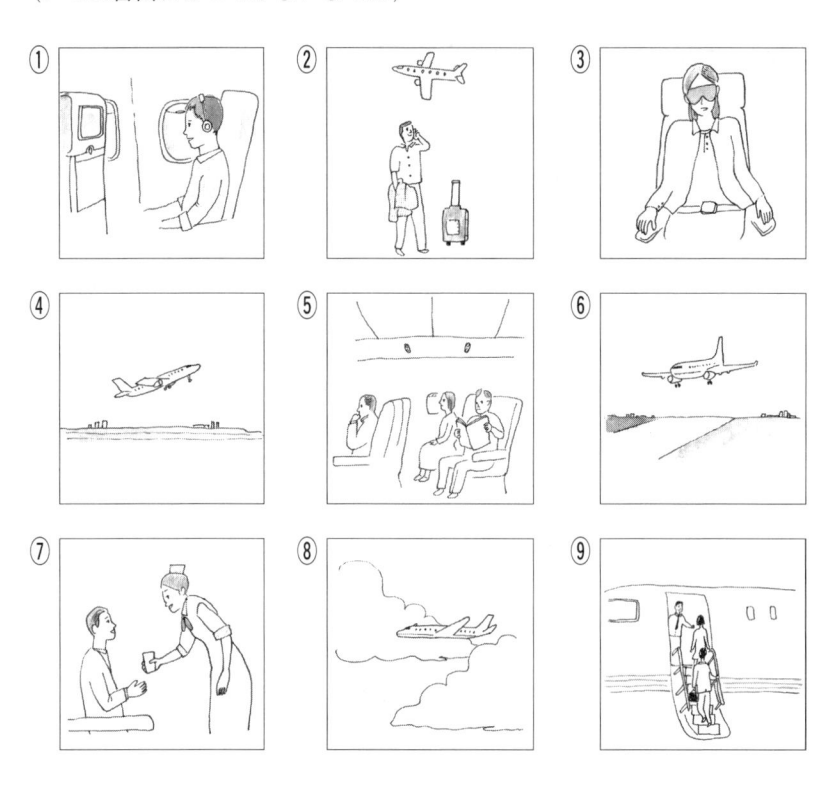

解答番号	解　答　欄								
(1)	①	②	③	④	⑤	⑥	⑦	⑧	⑨
(2)	①	②	③	④	⑤	⑥	⑦	⑧	⑨
(3)	①	②	③	④	⑤	⑥	⑦	⑧	⑨
(4)	①	②	③	④	⑤	⑥	⑦	⑧	⑨
(5)	①	②	③	④	⑤	⑥	⑦	⑧	⑨

3

- ルグラン氏とサバティエ氏の秘書の電話での会話を 3 回聞いてください．
- 次の (1)～(5) について，会話の内容に一致する場合は解答欄の ① に，一致しない場合は ② にマークしてください．
 （メモは自由にとってかまいません）（配点 10）
 （CD を聞く順番） ❷ → ❷ → ❷

(1) ルグラン氏はサバティエ氏に電話をしたが，サバティエ氏は不在だった．

(2) サバティエ氏は 1 時間後に戻ってくる．

(3) 明日の午後，ルグラン氏はサバティエ氏に会うことになっている．

(4) ルグラン氏は，約束の時間に遅れることを伝えてくれるように頼んでいる．

(5) ルグラン氏は 5 時頃に着く予定である．

解答番号	解 答 欄
(1)	① ②
(2)	① ②
(3)	① ②
(4)	① ②
(5)	① ②

模擬試験第2回

（解答 p 181〜）

筆 記 試 験

1 次の日本語の表現 (1)〜(4) に対応するように，（　）内に入れるのに最も適切なフランス語（各1語）を，**示されている最初の文字とともに**，解答欄に書いてください．（配点 8）

(1)　いいところにやって来たね．
　　　Tu (t　　　) bien !

(2)　お父さんによろしく．
　　　Mes (a　　　) à votre père.

(3)　（服の）サイズはいくつですか．
　　　Quelle (t　　　) faites-vous ?

(4)　ついてないなあ．
　　　Je n'ai pas de (c　　　).

解答番号	解　答　欄
(1)	
(2)	
(3)	
(4)	

2 次の対話 (1)〜(5) の (　) 内の語を必要な形にして，解答欄に書いてください．(配点 10)

(1) — Alors, que dit la météo ?
　　 — Il (neiger) demain sur tout le nord de la France.

(2) — Catherine et Jean ne sont pas là ?
　　 — Si, ils (se promener) au bord de la mer.

(3) — (être) gentil avec ce garçon.
　　 — Mais, maman, il est très méchant !

(4) — Il est parti pour les États-Unis.
　　 — Ah ! je le (croire) encore à Paris.

(5) — Tu ne peux pas aller au cinéma ?
　　 — Non, il faut que j'(aller) voir ma tante.

解答番号	解　答　欄
(1)	
(2)	
(3)	
(4)	
(5)	

3 次の (1)〜(4) の ( ) 内に入れるのに最も適切なものを，それぞれ ①〜③ のなかから 1 つずつ選び，解答欄のその番号にマークしてください．
（配点 8）

(1) C'est (   ) qui a écrit ce livre.
　　① il　　　　② lui　　　　③ moi

(2) J'ai passé trois ans à Paris. La vie (   ) était très chère.
　　① en　　　　② lui　　　　③ y

(3) Je ne connais (   ) de plus gros que lui.
　　① aucun　　② personne　③ rien

(4) (   ) dit-il? Je n'entends pas bien.
　　① Que　　② Qu'est-ce que　③ Quoi

解答番号	解　答　欄
(1)	① ② ③
(2)	① ② ③
(3)	① ② ③
(4)	① ② ③

4 次の (1)〜(4) の (　) 内に入れるのに最も適切なものを，下の ①〜⑥ のなかから 1 つずつ選び，解答欄のその番号にマークしてください．ただし，同じものを複数回用いることはできません．（配点 8）

(1) Camille aime rester (　) elle le soir.

(2) J'ai trouvé un oiseau mort (　) froid dans mon jardin.

(3) J'ai une lettre (　) écrire pour demain.

(4) Pour aller de Paris à Marseille, on peut passer (　) Lyon.

① à　　　　② chez　　　　③ de
④ par　　　⑤ pour　　　⑥ sur

5 例にならい，次の (1)～(4) において，それぞれ ①～⑤ をすべて用いて文を完成したときに，(　) 内に入るのはどれですか。①～⑤ のなかから 1 つずつ選び，解答欄のその番号にマークしてください。(配点 8)

例：Je finis ___ ___ (　) ___ ___ possible.
　　① le　② mon　③ plus　④ travail　⑤ vite
　　Je finis mon travail (le) plus vite possible.
　　　　　　②　　④　　①　　③　　⑤
　　となり，②④①③⑤ の順なので，(　) 内に入るのは ①.

(1) Elle a ___ ___ (　) ___ ___ ses filles.
　　① à　② apprendre　③ fait　④ français　⑤ le

(2) Il m'a montré ___ ___ (　) ___ ___ très fier.
　　① dont　② est　③ il　④ photos　⑤ ses

(3) Je ne ___ ___ (　) ___ ___ vous.
　　① cours　② pas　③ que　④ si　⑤ vite

(4) Je vous ___ ___ (　) ___ ___ à la gare.
　　① avez　② demande　③ qui　④ rencontré　⑤ vous

解答番号	解　答　欄
(1)	① ② ③ ④ ⑤
(2)	① ② ③ ④ ⑤
(3)	① ② ③ ④ ⑤
(4)	① ② ③ ④ ⑤

6 次の (1)〜(4) の **A** と **B** の対話を完成させてください。**B** の下線部に入れるのに最も適切なものを，それぞれ ①〜③ のなかから 1 つずつ選び，解答欄のその番号にマークしてください。（配点 8）

(1) **A**: J'ai vingt ans.　Quel âge as-tu ?
　　B: _____
　　A: Oh !　Nous sommes du même âge !
　　　① Combien me donnes-tu ?
　　　② J'ai vingt-cinq ans.
　　　③ Moi aussi, j'ai vingt ans.

(2) **A**: N'êtes-vous pas fatigué ?
　　B: _____
　　A: Alors, reposons-nous un peu.
　　　① Non, pas du tout.
　　　② Oui, je suis très fatigué.
　　　③ Si, je suis épuisé.

(3) **A**: Nous pouvons prendre quelque chose avant de rentrer ?
　　B: _____
　　A: Entrons dans ce café.
　　　① Non, je n'ai pas soif.
　　　② Non, c'est trop tard.
　　　③ Pourquoi pas ?

(4) **A**: Tu peux me donner son numéro de téléphone ?
　　B: _____
　　A: Tu ne l'as pas noté dans ton carnet ?
　　　① Non, je ne le sais pas par cœur.
　　　② Oui, je le retiens.
　　　③ Oui, je peux lui téléphoner.

7 次の (1)〜(6) の（　）内に入れるのに最も適切なものを，下の ①〜⑧ のなかから 1 つずつ選び，解答欄のその番号にマークしてください．ただし，同じものを複数回用いることはできません．（配点 6）

(1) Ce matin, j'ai reçu une (　) de Paul, les nouvelles sont bonnes.

(2) Je prends ma (　) tous les matins pour aller travailler.

(3) Je n'ai pas ce livre chez moi, mais vous le trouverez sûrement à la (　).

(4) La (　) tombe très tôt en novembre.

(5) L'hiver, je vais faire du ski à la (　).

(6) Si on allait au restaurant ? Ce soir, je n'ai pas envie de faire la (　).

① bibliothèque　② cuisine　③ dîner　④ lettre
⑤ montagne　⑥ nuit　⑦ poste　⑧ voiture

8 次の文章を読み，下の (1)〜(6) について，文章の内容に一致する場合は解答欄の ① に，一致しない場合は ② にマークしてください．(配点 6)

L'été dernier, M. et Mme Perrier sont allés en Normandie. L'hôtel où ils sont descendus venait d'être remis à neuf*. Les fenêtres de leur chambre donnaient sur la mer et il y avait une vue splendide.

Ils ont fait la connaissance de plusieurs personnes. Il y avait un diplomate italien avec sa famille. À la salle à manger, ils étaient à la même table que trois étudiants qui venaient aussi de Paris.

M. et Mme Perrier sortaient tous les jours avec ces étudiants. Ils faisaient de longues promenades en auto ou à pied.

Le dîner était excellent. Après le dîner, ils restaient dans le salon de l'hôtel où ils parlaient de choses et d'autres**. Il était toujours tard quand ils montaient dans leurs chambres.

*remettre... à neuf : 〜を改装する
**parler de choses et d'autres : あれやこれやの話をする

(1) ペリエ夫妻が宿泊したホテルは新築だった．
(2) 彼らが泊まった部屋は海に面していた．
(3) 同じ宿泊客の中には家族連れのイギリス人外交官がいた．
(4) 食堂でいっしょになった学生3人はパリから来た．
(5) ペリエ夫妻は，昼間，同宿の者たちとは別行動をとった．
(6) 夕食後，彼らは遅くまでホテルのサロンに残ってよもやま話をした．

解答番号	解答欄
(1)	① ②
(2)	① ②
(3)	① ②
(4)	① ②
(5)	① ②
(6)	① ②

9　次の会話を読み，(1)～(4) に入れるのに最も適切なものを，下の ①～⑦ のなかから 1 つずつ選び，解答欄のその番号にマークしてください．ただし，同じものを複数回用いることはできません．なお，①～⑦ は文頭にくるものも小文字にしてあります．（配点 8）

Le voyageur :　Bonjour Monsieur, (1).
　L'employé :　Pour le train de quelle heure et de quel jour ?
Le voyageur :　De dix heures et quart, dimanche matin.
　L'employé :　Désolé, Monsieur．Le dimanche, c'est difficile de trouver des places libres.
Le voyageur :　(2) ?
　L'employé :　Si．Mais il faut partir (3) le dimanche.
Le voyageur :　À quelle heure ?
　L'employé :　À sept heures vingt.
Le voyageur :　C'est trop tôt．Mais si je pouvais avoir deux allers, en seconde classe, et dans un compartiment non-fumeur…
　L'employé :　Parfait．Vous ne devrez pas (4) pendant des heures.
Le voyageur :　Bien, le train part de quel quai ?
　L'employé :　Du quai numéro 8.

① ce n'est pas possible
② c'est facile
③ être assis
④ je voudrais des places
⑤ plus tard
⑥ plus tôt
⑦ rester debout

聞き取り試験

1 次は，クレールとポールの会話です．
- 1回目は全体を通して読みます．㉑
- 2回目は，ポーズをおいて読みますから，(1)〜(5)の部分を解答欄に書き取ってください．それぞれの（　）内に入るのは1語とはかぎりません．㉒
- 最後（3回目）に，もう1回全体を通して読みます．㉑
- 読み終えてから60秒，見なおす時間があります．
- 数を記入する場合は算用数字で書いてかまいません．
（メモは自由にとってかまいません）（配点 10）
（CDを聞く順番）㉑ → ㉒ → ㉑

Claire: Bonjour, Paul, vous avez mauvaise mine. (1) ?
Paul: J'ai mal à la tête depuis hier. J'ai même (2). Je suis enrhumé en ce moment.
Claire: Vous n'avez pas d'appétit, alors ?
Paul: Non, je n'en ai (3). Mais j'ai toujours soif.
Claire: Avez-vous envie d'une boisson? Un peu de (4), par exemple ?
Paul: Non merci. Un verre d'(5) seulement, s'il vous plaît.

解答番号	解答欄
(1)	
(2)	
(3)	
(4)	
(5)	

2

- フランス語の文 (1)〜(5) を，それぞれ 3 回ずつ聞いてください．㉓
- それぞれの文に最もふさわしい絵を，下の ①〜⑨ のなかから 1 つずつ選び，解答欄のその番号にマークしてください．ただし，同じものを複数回用いることはできません．（配点 10）

（メモは自由にとってかまいません）

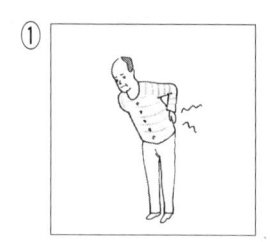

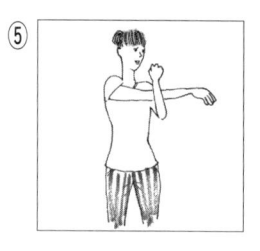

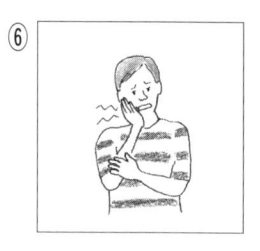

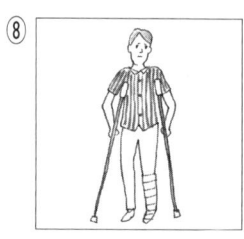

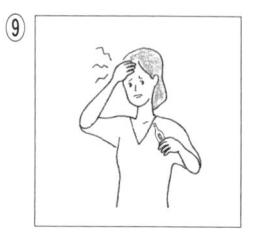

解答番号	解　答　欄
(1)	① ② ③ ④ ⑤ ⑥ ⑦ ⑧ ⑨
(2)	① ② ③ ④ ⑤ ⑥ ⑦ ⑧ ⑨
(3)	① ② ③ ④ ⑤ ⑥ ⑦ ⑧ ⑨
(4)	① ② ③ ④ ⑤ ⑥ ⑦ ⑧ ⑨
(5)	① ② ③ ④ ⑤ ⑥ ⑦ ⑧ ⑨

3

- お客さんと店員との会話を 3 回聞いてください．
- 次の (1)〜(5) について，会話の内容に一致する場合は解答欄の ① に，一致しない場合は ② にマークしてください．
 （メモは自由にとってかまいません）（配点 10）
 （CD を聞く順番） ㉔→㉔→㉔

(1) 客はプラスチック製の皿を買いに来た．

(2) 客はプラスチック製の皿の色が気に入らない．

(3) 客はベージュ色の皿がおしゃれだと思う．

(4) 客はベージュ色の皿を 1 ダース買う．

(5) 買ったお皿の総額は 20 ユーロである．

解答番号	解答欄
(1)	① ②
(2)	① ②
(3)	① ②
(4)	① ②
(5)	① ②

模擬試験第1回・ヒントと解答
筆記試験

1 ヒント 単語穴うめ問題です．いずれも日常よく使われる表現です．やさしいでしょう．
(1) **avoir mal à...**「～が痛い」という言い方です．
(2) 「旅」に当たることばを入れます．
(3) Attendez「待ってください」ということばが略されています．短い時間を表すことば Un instant... と Une seconde... も同じように使います．
(4) 「近日中にいつか」という意味で，「日」に当たることばを入れます．複数にすることを忘れないように．

解答 (1) **mal**　(2) **voyage**　(3) **moment**　(4) **jours**

2 ヒント 動詞の活用の問題です．対話文の意味を考え，状況を判断して時制などを選んでください．
(1) 「彼は重病なの？」—「いや，何日かすればよくなるでしょう．」
単純未来形です．
(2) 「長い間ここにいたの？」—「いや，来たばかりです．」
《**venir de**＋**不定詞**》は「近い過去」を表します．
(3) 「すぐに出発しなければなりません．」—「いいですよ．支度ができました．」
il faut que... のうしろは動詞を接続法にします．
(4) 「君が帰ったとき，彼女は何をしていました？」—「読書をしていました．」
過去における継続的な行為を表すのは半過去です．
(5) 「ポールの手紙に返事を書いた？」—「ええ，昨日書きました．」
複合過去です．

解答 (1) **ira**　(2) **viens**　(3) **parte**　(4) **lisait**　(5) **ai écrit**

3 ヒント 代名詞の穴うめ問題です．中性代名詞，人称代名詞，疑問代名詞が取りあげられています．ややむずかしいのは (2) でしょうか．
(1) 「彼女たちはフランス人ですか？—はい，そうです．」 中性代名詞の le は具体的な人や物は受けません．文，不定詞，属詞などを受けます．この場

合は，質問文の属詞 françaises を受けています．性数の変化がありません．つられて ② を選ばないようにしましょう．
(2)「君はチョコレートが好きですか？ 注意しなさい，食べすぎてはいけませんよ．」 chocolat を受ける代名詞ですが，ちょっとむずかしいです．前の文章では le chocolat というように定冠詞がついているため，直接目的の人称代名詞で受けたくなりますが，この場合の定冠詞は特定の物を指しているのではなく，種類全体を総称するときに使う用法です．2 番目の文章で名詞を繰り返して言えば，Attention, il ne faut pas manger trop de chocolat. となります．この de chocolat を受ける代名詞を考えてください．
(3)「だれがわたしたちといっしょに映画に行きますか？」 疑問代名詞の長い形は，それぞれ似通っていますので要注意です．まず，人か物かを区別してください．人ならば最初が Qui で始まり，物なら，Que で始まります．次に，主語か直接目的語かによって末尾の形を選びます．主語なら qui で終わり，直接目的語なら que で終わると考えてください．この場合はもちろん，人で主語です．
(4)「彼/彼女のお母さん？ 知らないね．」 目的語人称代名詞です．3 人称の直接目的語で女性形です．これはやさしいでしょう．

解　答　(1) ①　　(2) ①　　(3) ③　　(4) ①

4　**ヒント**　前置詞の穴うめ問題です．(1) と (3) は前にくる動詞によって前置詞が決まります．
(1)「このボタンを押してください．」 過去によく出題された要注意例です．
(2)「この本はジャンのものです．さわってはいけません．」《**être à**＋人》は「～のものである」という言い方です．
(3)「空は雲でおおわれています．」 **couvrir de** は「～でおおう」という言い方です．これはその受動態の形です．
(4)「どういう理由で彼は来なかったの？」「～という理由で」というとき，前置詞は pour です．

解　答　(1) ⑥　　(2) ①　　(3) ③　　(4) ⑤

5　**ヒント**　語順の並べかえによる仏文完成問題です．文法的な構造や言い回しに気づくかどうかがポイントになっています．

(1) Avez-vous lu le livre (que) je vous ai donné ?
　　　私があげた本を読みましたか？
　　関係代名詞 que が使われている構文です．先行詞は何かを見きわめてください．
(2) J'ai vu les soldats marcher (dans) la rue.
　　　わたしは兵隊たちが街を行進していくのを見た．
　　「見る」とか「聞く」とか知覚を表す動詞は特別の構文を取ります．この場合は《知覚動詞＋直接目的語＋不定詞》という構文です．
(3) Je lui ai dit de (venir) me voir.
　　　わたしは彼に会いに来るように言いました．
　　《dire à＋人＋de＋不定詞》は「～に～するように言う」という言い方です．この文は，Je lui ai dit：《Viens / Venez me voir.》という直接話法の命令文を間接話法に直したと考えることもできます．なお，venir は前置詞なしに不定詞を従えますが，その不定詞に目的語人称代名詞がつく場合は venir と不定詞の間に入ります．
(4) Je ne me suis pas (aperçu) de mon erreur.
　　　わたしは自分の誤りに気づかなかった．
　　代名動詞 s'apercevoir の複合過去です．否定形なので《再帰代名詞＋助動詞 être》を ne…pas ではさみます．

解答　(1) ④　　(2) ①　　(3) ④　　(4) ①

6　ヒント　適切な応答文を選ぶ問題です．2 人の対話がどういう状況で行われているかを考えて答えを選びましょう．
(1) A「天気予報は何て言っていますか？」という質問です．B の選択肢 ① は「それは天気を予報する．」② は「明日はよい天気でしょう．」③ は「明日は雨でしょう．」次のことばは A「じゃあ，明日サイクリングに行きませんか？」です．相手を誘うときの言い回し《Si＋半過去》はよく使われますので，覚えておきましょう．
(2) A「君は海岸に行くのが好きなの？」という質問です．B の選択肢 ① は「いえ，わたしは水が大嫌いです．」② は「わたしは泳げません．」③ は「ええ．機会が許すかぎり，そこに出かけます．」です．次の文 A「わたしは山のほうが好きです．」によって判断します．
(3) A「ジャックは事故に遭いました．」この文に対する反応です．B の選択肢

①は「重大ですか？」②は「何ですって！　まさか！」③は「彼の車は故障している。」です．次のことばで判断します．**A**「いえ，そうなんです．彼は今入院したところです。」Si は否定文に対して肯定で答えるときに使うことを思い出してください．
(4) **A**「ルグラン夫人はご在宅ですか？」という質問です．これに対する答えです．**B** の選択肢 ① は「いいえ，今出かけたところです。」② は「ええ，在宅しています。」③ は「いいえ，おります。」です．どれを選ぶかは，次の文 **A**「それでは，1 時間後にまたまいります。」によって判断します．

[解　答]　(1) ②　　(2) ③　　(3) ②　　(4) ①

7　[ヒント]　短文の意味を理解し，それに対応する単語を選択肢のなかから選びます．いずれも基本単語ですからやさしいでしょう．
(1)「魚といっしょに飲むのは白～のほうがよい。」もちろん「白ワイン」です．「ワイン」はフランス語で何と言いますか．なお，《**il vaut mieux**＋不定詞》は「～するほうがよい」という言い回しです．
(2)「日曜日，わたしはパリ交響楽団の～を聴きに行きます。」「コンサート」です．
(3)「わたしは薬を買いに～に行きます。」もちろん「薬局」です．
(4)「～は皿の左側に，ナイフとスプーンは右側に置かれます。」これはテーブルマナーです．ナイフ，スプーンとくればあとは「フォーク」です．なお，動詞 se mettre は代名動詞の受動的用法で「置かれる」という意味になります．
(5)「あなたの列車がそれほど遅く着くのでなければ，あなたを～まで迎えに行きます。」「駅」です．
(6)「パリを横断する～の名前を知っていますか？」「河」に当たることばです．② と ⑦ が考えられますが，le nom du... となっているので男性名詞を選びます．

[解　答]　(1) ⑧　(2) ①　(3) ⑥　(4) ③　(5) ④　(6) ②

8　[ヒント]　説明文の読解問題です．主人公はしょっちゅう病気のことを気にしている「気で病む男」です．言い回しなどが少しむずかしいかもしれません．

【本文の訳】
　デュポン氏はしばらく前から具合がよくありません．それで，彼はしょっちゅうお医

者さんのところに行きます.
　彼の妻は彼の言うことをあまりまじめに取り上げませんし，友人たちは彼の病気の話を聞くことにうんざりしています．お医者さんだけは辛抱強く彼の言うことを聞いてくれます．
　今朝も起きがけに，デュポン氏は胸の動悸がしました．彼はとても不安になりました．というのも彼の父は心臓病で亡くなっており，彼はいつも自分にも同じことが起こるのではと思い込んでいるからです．即座に，彼の妻の反対意見を無視して，彼は先生に往診を頼みました．
　先生は先にする往診があったため，やって来たのは午前の終わりになりました．

(1) M. Dupont ne se sent pas bien depuis quelque temps. とあります．しばらく前から具合がよくないのです．
(2) Sa femme ne le prend pas très au sérieux, et ses amis en ont assez de l'entendre parler de ses maladies. の部分です．**en avoir assez de…** は「～にうんざりする」という意味の熟語です．「彼の妻は彼の言うことをあまりまじめに受け取っていないし，彼の友人たちは彼の病気の話を聞くことにうんざりしている．」ということになります．
(3) Seul le médecin l'écoute *avec patience.* とあります．お医者さんだけは彼の話を「辛抱強く」聞いてくれるのです．
(4) il s'imagine toujours qu'il va lui arriver la même chose の部分です．s'imaginer que… は「～であると思い込む」という意味です．il va lui arriver la même chose の il は非人称の主語で意味の上での主語は la même chose です．間接目的の lui が「彼にとって，彼の身に」を表します．「彼は同じことが彼の身にも起こると思い込んでいる．」
(5) malgré l'avis contraire de sa femme「彼の妻の反対意見にもかかわらず」とありますから，彼の妻は医者を呼ぶことに賛成ではなかったわけです．
(6) Le docteur… n'est arrivé qu'en fin de matinée. の部分の解釈です．つまり，ほかに往診があって，「午前中の終わり」にしか来なかったわけです．

[解答]　(1) ①　　(2) ①　　(3) ②　　(4) ①　　(5) ②　　(6) ②

[9]　[ヒント]　会話文の穴うめ問題です．医者が患者に運動することを勧めているのですが，患者のほうはいっこうに聞き入れようとしないというところがポイントです．

【会話文の訳】
　　医　師：あなたは太ったと思います．スポーツをするべきです．
デュラン氏：確かに，1日中すわりきりなものですから．
　　医　師：なぜたまにはプールに行かないのですか？
デュラン氏：水が恐いんです．
　　医　師：もっと早起きすれば，テニスをすることができるでしょうに．
デュラン氏：今でも，会社に行くのに間に合うように起きるのがたいへんなんですよ．
　　医　師：じゃあ，少し歩くようにしたら．夕方歩いて帰るとか．
デュラン氏：とんでもない．苦労するくらいなら太ったままでいるほうがましです．

(1) 医者が患者に太ったので運動することを勧めます．⑥「スポーツをするべきです．」devriez は devoir の条件法現在ですが，断定を緩和するニュアンスを含みます．ここだけだと，⑦「食事を減らすべきです．」も考えられますが，文脈の流れからして排除されます．
(2)「なぜ，たまにはプールに行かないのか？」と聞かれての反応です．④「水が恐いから．」と ⑤「海のほうが好きだから．」が考えられますが，どちらを選ぶかは全体の文脈で判断してください．
(3)「もっと早起きすれば，テニスをすることができるのに」と言われたことに対する反応です．②「今でも（会社に行くのに）間に合うように起きるのが困難です．」というわけです．③「なかなか眠れない．」は見当はずれです．
(4) それならということで，医者はせめて歩くことを勧めます．①「少し歩くようにしなさい．」

[解　答]　(1) ⑥　　(2) ④　　(3) ②　　(4) ①

聞き取り試験

1　[ヒント]　やさしい会話文を使った部分書き取りの問題です．ジャンとナタリーがいっしょに映画に行く話です．

(読まれる会話文) ⓱ ⓲

　　Jean：Bonjour Nathalie, où est-ce que tu vas ?
Nathalie：Je vais au cinéma, Jean.
　　Jean：(*On donne*)(1) quel film en ce moment ?
Nathalie：« Rashomon », un (*vieux*)(2) film japonais.

Jean: Ah ! c'est merveilleux ! (*J'ai une grande envie*)(3) de regarder ce film, depuis longtemps.
　Nathalie: Si tu veux, et (*si tu es libre*)(4), accompagne-moi.
　　Jean: Quel bonheur ! C'est (*la première fois*)(5) que je vais au cinéma avec toi !

【会話文の訳】
　ジャン：こんにちは，ナタリー．どこへ行くの？
　ナタリー：映画に行くのよ，ジャン．
　ジャン：今何をやっているの？
　ナタリー：『羅生門』，昔の日本映画よ．
　ジャン：ああ，それはいいね．それは僕が前からとっても見たかった映画なんだ．
　ナタリー：よければ，そして暇があったら，いっしょに来て．
　ジャン：うれしいな．僕，君といっしょに映画に行くの初めてだものね．

(1) 「上映する」あるいは「上演する」というとき，動詞 donner を使います．
(2) 「古い」という意味の形容詞で，最も基本的な単語ですが，つづり字を正確に書けますか．
(3) **avoir envie de...** は「～する欲求を持つ，～したい」という意味の熟語です．ここでは，grande という形容詞をつけて強調しています．このように形容詞がつくと不定冠詞がつきます．
(4) 「もし暇ならば」という意味の表現です．
(5) **C'est la première fois que...**「～するのは初めてである」という言い方です．よく使われます．

[解　答] (1) **On donne**　(2) **vieux**　(3) **J'ai une grande envie**
　　　　(4) **si tu es libre**　(5) **la première fois**

[2]　[ヒント]　短文聞き取り問題です．問題文はいずれも **avion**「飛行機」という単語を含んでいます．

(読まれる文) ⓭

(1) L'avion est parti de l'aéroport.
(2) L'avion va arriver à l'aéroport.
(3) L'avion vole dans les nuages.
(4) Les passagers montent dans l'avion.
(5) Les passagers regardent un film dans l'avion.

(1)「飛行機は空港を出発した．」 décoller「離陸する」ということばもありますが，これはむずかしいですね．
(2)「飛行機はまもなく空港に到着する．」 atterrir「着陸する」ということばもあります．
(3)「飛行機は雲の中を飛んでいる．」 voler は「飛んでいる」状態，s'envoler は「飛び立つ」という瞬間です．
(4)「乗客は飛行機に搭乗する．」 飛行機や船の乗客を passager と言います．列車の場合は voyageur です．
(5)「乗客は飛行機の中で映画を見ている．」「映画を見に行く」と言う場合は，aller *voir* un film です．

[解 答] (1) ④　　(2) ⑥　　(3) ⑧　　(4) ⑨　　(5) ①

3 [ヒント] ルグラン氏はサバティエ氏に電話して，都合で約束の時間に遅れる旨を伝えようとしますが，サバティエ氏が不在だったので，秘書にそのことを伝言してくれるように頼みます．

（読まれる会話文）❷⓪

M. Legrand: Allô ? Je voudrais parler à M. Sabatier.
La secrétaire: C'est de la part de qui ?
M. Legrand: M. Raymond Legrand.
La secrétaire: M. Sabatier n'est pas là. Il va rentrer dans une demi-heure.
M. Legrand: Je dois le voir cet après-midi, Mademoiselle, mais j'ai peur d'être en retard. Voulez-vous dire à M. Sabatier que je suis désolé ?
La secrétaire: Entendu, Monsieur. À quelle heure allez-vous arriver ?
M. Legrand: Vers cinq heures, je pense.

【会話文の訳】
ルグラン氏：もしもし，サバティエさんお願いします．
　秘　書：どちら様ですか？
ルグラン氏：レイモン・ルグランです．
　秘　書：サバティエ氏は不在です．30 分後には戻ります．
ルグラン氏：今日の午後，彼と会わなければならないのですが，遅れるかも知れないのです．サバティエさんにお詫びを言っておいていただけますか？

秘　書：かしこまりました．何時に着く予定でしょうか？
ルグラン氏：5 時頃かと思います．

(1) まず，ルグラン氏がサバティエ氏に電話していることを確認しましょう．電話を受けたのは秘書（女性）です．
(2) dans une demi-heure は「30 分後」です．
(3) cet après-midi ですから，もちろん「今日の午後」です．
(4) j'ai peur d'être en retard と言っていますから，遅れるかも知れないのです．
(5) Vers cinq heures と言っていますから「5 時頃」です．

解 答　(1) ①　　(2) ②　　(3) ②　　(4) ①　　(5) ①

模擬試験第2回・ヒントと解答
筆記試験

1 ヒント 慣用文穴うめ問題です．いずれもよく使われる表現ばかりですが，少しむずかしいのも混じっています．
(1) *Ça* tombe bien.「ちょうどよかった，いいタイミングだ．」という言い方もします．「あいにくだ，間が悪い．」と言うときは Tu tombes mal !
(2) 「友情」に当たることばを入れます．複数形にします．
(3) 靴のサイズなら Quelle *pointure* faites-vous ? となります．
(4) 「ついている．」なら，**J'ai de la chance.** となります．

解答 (1) **tombes** (2) **amitiés** (3) **taille** (4) **chance**

2 ヒント 動詞の活用の問題です．文脈を考え，適当な法や時制を選んでください．
(1) 「それで，天気予報は何て言っている？」—「明日フランス北部は全域で雪になるそうです．」天気予報は普通単純未来形を使いますが，日常会話では，近接未来《**aller＋不定詞**》も可能です．
(2) 「カトリーヌとジャンはいないの？」—「いや，彼らは海岸を散歩しています．」代名動詞の直説法現在形です．promener は -er 動詞ですが，nous, vous 以外の人称で語幹にアクサンを付ける必要があります．
(3) 「あの子に親切にしなさい．」—「でも，お母さん，あの子とてもいじわるなんだよ．」être の命令形は接続法と同じ特殊な形になります．
(4) 「彼はアメリカに出発しました．」—「ああ，僕は彼がまだパリにいると思っていました．」「思っていた」のは，一時的な行為ではなく，過去の状態なので半過去を使います．
(5) 「映画に行けないの？」—「ええ，おばさんに会いに行かなければならないので．」**il faut que…** のうしろは接続法です．

解答 (1) **neigera / va neiger** (2) **se promènent** (3) **Sois**
(4) **croyais** (5) **aille**

3 ヒント　代名詞の穴うめ問題です．中性代名詞，不定代名詞，人称代名詞の強勢形，疑問代名詞に関する問題です．基本的な問題ばかりなので，この程度は迷わずできてほしいですね．

(1)「その本を書いたのは彼です．」C'est... のあとに人称代名詞がくるときは強勢形を使います．また，この構文が，**C'est... qui...** という強調構文であることはご存知ですね．qui のあとにくる動詞の活用形から先行詞の人称を推測します．

(2)「わたしはパリで 3 年間過ごしました．そこでの生活費はたいへん高かったです．」à Paris の部分を受ける代名詞です．中性代名詞は目的語人称代名詞と同様に動詞の前に置くのが原則です．

(3)「私は彼ほど太った人を知らない．」 不定代名詞を入れます．人か物かを文脈から考えます．なお，不定代名詞に形容詞を付けるときは間に de を介在させます．

(4)「彼は何て言っているの？　よく聞こえないんだ．」 疑問代名詞の Que と Qu'est-ce que の違いです．次にくる主語と動詞が倒置されている場合は，どちらを使いますか．quoi については，前置詞のあとか，会話調の疑問文で Vous avez quoi ?「何を持っていますか？」というような使い方をします．

解答　(1) ②　(2) ③　(3) ②　(4) ①

4 ヒント　前置詞の穴うめ問題です．どれを入れるか前後の文脈で判断しましょう．

(1)「夜，カミーユは自分のうちにいることを好みます．」「～のうちに」という意味を表す前置詞です．

(2)「わたしは，うちの庭で鳥が寒さで死んでいるのを見つけました．」mourir de *faim*「飢え死にする」も同じ言い方です．

(3)「わたしは明日まで手紙を 1 通書かなければならない．」《**à＋不定詞**》は「～すべき」という意味で，必要・義務・予定を表します．

(4)「パリからマルセイユに行くのに，リヨンを経由することができます．」「～を通って」という意味の，経路・通過点を示す前置詞です．

解答　(1) ②　(2) ③　(3) ①　(4) ④

5 ヒント 語順並べかえによる仏文完成問題です．少しむずかしいのが混じっています．

(1) Elle a fait apprendre (le) français à ses filles.
　　彼女は娘たちにフランス語を学ばせた．
　　使役動詞 faire の構文です．次にくる不定詞が独自の目的語をとる場合，不定詞の主語（行為者）は《**à＋人**》で表します．

(2) Il m'a montré ses photos (dont) il est très fier.
　　彼はわたしに彼がとても自慢している写真を見せてくれました．
　　関係代名詞の dont のなかには de の意味が含まれています．この場合は **être fier de...** という言い回しです．

(3) Je ne cours pas (si) vite que vous.
　　わたしはあなたほど速く走りません．
　　比較級の否定（不等比較）です．«**ne... pas si**（または **aussi**）**... que...**» で「～ほど～ではない」という意味になります．

(4) Je vous demande qui (vous) avez rencontré à la gare.
　　わたしはあなたが駅でだれに出会ったのかをたずねています．
　　間接疑問文です．直接話法なら Je vous demande :《Qui avez-vous rencontré à la gare ?》となります．

解答　(1) ⑤　　(2) ①　　(3) ④　　(4) ⑤

6 ヒント 適切な応答文を選ぶ問題です．あまり問題ないと思いますが，ことばじりに惑わされて勘違いをしないようにしましょう．

(1) **A**「わたしは 20 歳です．あなたは何歳ですか？」とたずねています．**B** の選択肢 ① は「何歳だと思う？」② は「わたしは 25 歳です．」③ は「わたしも 20 歳．」です．次のことばは **A**「ああ，わたしたち同い年なのですね．」です．

(2) **A**「疲れていませんか？」という質問です．否定疑問であることに注意してください．Si か Non で答え，Oui は使えません．したがって，**B** の選択肢 ② は排除されます．①「ええ，ちっとも．」か ③「いえ，くたくたです．」のどちらかです．次の文 **A**「じゃあ，少し休みましょう．」が決め手になります．

(3) **A**「帰る前に何か飲みませんか？」という誘いです．これに対する答えは，

B の選択肢 ① 「いえ，わたしはのどが渇いていません．」 ② 「いえ，遅すぎます．」 ③ 「いいですね．」となります．次のことば **A** 「あの喫茶店に入りましょう．」で判断します．③ の Pourquoi pas ? は本来は「どうしてだめなのか？」という意味ですが，それから転じて提案などに「いいですね．」と応じる場合に使います．

(4) **A** 「彼 / 彼女の電話番号を教えてくれる？」という質問です．これに対する答えは **B** の選択肢 ① 「いや，覚えていません．」 ② は「はい，覚えています．」 ③ は「はい，彼 / 彼女に電話できます．」です．どれを選ぶかは，次の文 **A** 「手帳に書いておかなかったの？」によって判断します．

[解 答] (1) ③　　(2) ③　　(3) ③　　(4) ①

7　[ヒント]　問われているのはいずれも基本単語ばかりです．この程度は迷いなくできるようにしましょう．
(1) 「今朝ポールから～を受け取りました．よい知らせです．」「手紙」です．
(2) 「毎朝，わたしは，仕事に行くのにわたしの～に乗ります．」「車」に当たることばです．
(3) 「わたしのうちにその本はありませんが，～なら，きっと見つかるでしょう．」「図書館」です．
(4) 「11月には非常に早く～になります．」 動詞 tomber は，ここでは「（夜のとばりが）下りる，夜になる」という意味です．
(5) 「冬，わたしはスキーをしに～に行きます．」 当然「山」です．
(6) 「レストランに行きませんか？　今晩，わたしは～をしたくありません．」「料理」に当たることばを入れます．なお，《**Si＋半過去**》はよく使われる勧誘の表現です．

[解 答] (1) ④　(2) ⑧　(3) ①　(4) ⑥　(5) ⑤　(6) ②

8　[ヒント]　説明文の読解問題です．ノルマンディーで過ごしたヴァカンスのことが話題になっています．

【本文の訳】
　この前の夏，ペリエ夫妻はノルマンディー地方に行きました．彼らが泊まったホテルは改築したばかりでした．彼らの部屋の窓は海に面しており，すばらしい景色が見えま

した．
　彼らは何人もの人たちと知り合いになりました．家族を連れたイタリア人の外交官がいました．食堂では，同じくパリから来た3人の学生たちと同じテーブルになりました．
　ペリエ夫妻は毎日この学生たちといっしょに外出しました．彼らは自動車や徒歩で長い散歩に出ました．
　夕食はすばらしいものでした．夕食後，彼らはホテルのサロンに残って，よもやま話にふけりました．部屋に上って行くのは，いつも遅くなってからでした．

(1) L'hôtel où ils sont descendus venait d'*être remis à neuf*. のところです．remettre à neuf は「新しい状態に戻す，改築する」という言い方です．「新築」ではありません．なお，ils sont descendus の descendre はホテルなどに「泊まる，投宿する」という意味です．
(2) **donner sur...** は「～に面している」という言い方です．
(3) Il y avait un diplomate *italien* avec sa famille. の部分です．イギリス人ではなく，イタリア人です．
(4) ils étaient à la même table que trois étudiants qui venaient aussi de Paris. のところです．これはやさしいでしょう．
(5) M. et Mme Perrier sortaient tous les jours *avec ces étudiants*. とありますから，学生たちと行動を共にしたのです．
(6) Il était toujours tard quand ils montaient dans leurs chambres. とありますから，話し終わって寝るために部屋に上がって行くときはいつも遅くなっていたということです．

解答　(1) ②　(2) ①　(3) ②　(4) ①　(5) ②　(6) ①

9　ヒント　会話文の穴うめ問題です．駅の窓口での対話です．客は座席を予約しようとしています．

【会話文の訳】
乗客：こんにちは．座席指定お願いします．
駅員：何日の何時の列車ですか？
乗客：日曜日の朝の10時15分のです．
駅員：残念ながらありません．日曜日は空いている席を見つけるのはむずかしいです．
乗客：だめですか？

駅員：いえ，とれますよ．でも日曜日はもっと早く出発する必要があります．
乗客：何時の列車ですか？
駅員：7時20分のです．
乗客：早すぎます．でももし禁煙席で，2等の行きの片道切符が2枚取れれば…
駅員：ございます．何時間も立ったままでいないですみますよ．
乗客：お願いします．何番線ですか？
駅員：8番線です．

(1) 客が窓口で言う表現です．これは④「座席（指定）お願いします．」以外には考えられないでしょう．なお，**je voudrais…** は会話でよく使われる丁寧表現です．
(2) ①「だめですか？」と ②「簡単ですか？」が考えられますが，次の答えが Si であることに注目してください．否定疑問でなければなりません．
(3) ⑤「もっと遅く」か ⑥「もっと早く」ですが，⑤ は文脈からして排除されます．
(4) ③「すわっている」か ⑦「立ったままでいる」ですが，文脈から判断して ⑦ を選びます．

解答　(1) ④　　(2) ①　　(3) ⑥　　(4) ⑦

聞き取り試験

1　ヒント　やさしい会話文を使った部分書き取りの問題です．クレールとポールの会話です．ポールはかぜをひいています．

(読まれる会話文) ㉑ ㉒

Claire: Bonjour Paul, vous avez mauvaise mine. (*Qu'avez-vous*)[1] ?
Paul: J'ai mal à la tête depuis hier. J'ai même (*de la fièvre*)[2]. Je suis enrhumé en ce moment.
Claire: Vous n'avez pas d'appétit, alors ?
Paul: Non, je n'en ai (*pas du tout*)[3].　Mais j'ai toujours soif.
Claire: Avez-vous envie d'une boisson ? Un peu de (*jus d'orange*)[4], par exemple ?
Paul: Non merci.　Un verre d'(*eau froide*)[5] seulement, s'il vous plaît.

【会話文の訳】
クレール：こんにちは，ポール，顔色悪いわね．どうしたの？
ポール：昨日から頭が痛いんだ．熱もあるし．今かぜをひいているんだよ．
クレール：じゃあ，食欲ないのね．
ポール：うん，全然．でも，ずっとのどは渇いているんだ．
クレール：何か飲み物欲しい？ オレンジジュースとかどう？
ポール：いえ結構だ．ただ水を1杯ください．

(1) 直訳すれば「何を持っているのか？」という意味ですが，「どうしたの？」と相手の状態をたずねる言い方になります．
(2) 「熱」という言葉ですが，部分冠詞を付けることに注意してください．
(3) 「全然」という意味の否定の言い方です．
(4) 「オレンジジュース」です．英語と違い，フランス語 jus は語尾を発音しません．
(5) 「水」という意味のことばです．

解答　(1) **Qu'avez-vous**　(2) **de la fièvre**　(3) **pas du tout**
　　　(4) **jus d'orange**　(5) **eau froide**

2　ヒント　短文聞き取り問題です．問題文はいずれも体の症状を表しています．体の部分を表すことばを正確に聞き取ることがポイントです．短い文ばかりなのでやさしいでしょう．

(読まれる文) ㉓
(1) J'ai de la fièvre.
(2) J'ai mal à la tête.
(3) J'ai mal à l'estomac.
(4) J'ai mal aux dents.
(5) J'ai très froid.

(1) 「わたしは熱がある．」 **avoir de la fièvre**「熱がある」という言い方です．慣用的に部分冠詞を付けます．
(2) 「わたしは頭が痛い．」 **avoir mal à...** は「～が痛い」という言い方です．
(3) 「わたしは胃が痛い．」「お腹が痛い」は J'ai mal au *ventre*.
(4) 「わたしは歯が痛い．」 mal⌒aux dentsとつなげて読むので，ちょっと聞き取りにくいかもしれませんね．

(5)「わたしはとても寒い.」 **avoir froid**「寒い」という言い方です.

解答 (1) ⑨　(2) ③　(3) ④　(4) ⑥　(5) ②

3　ヒント　食器を売る店での客と店員とのやりとりです．お皿を買おうとしているのですが，素材や色などが問題になります．

(読まれる会話文) ㉔
La cliente: Bonjour, Monsieur ! Cette assiette, en quoi est-elle ?
Le marchand: Elle est en plastique, très légère et bon marché.
La cliente: Oui, c'est pratique, mais… la couleur n'est pas à mon goût.
Le marchand: Alors… et cette assiette beige, elle ne vous plaît pas ? Elle n'est pas en plastique, mais en porcelaine.
La cliente: Elle est plus élégante. Bon, alors… une demi-douzaine, s'il vous plaît. Ça fait combien ?
Le marchand: Voyons… 120 euros, Madame.

【会話文の訳】
客：こんにちは．このお皿何製ですか？
店員：プラスチック製です．とても軽いし，お安いですよ．
客：そう，実用的ね，でも，色がわたしの趣味ではないわ．
店員：それでは，このベージュ色の皿はお気に召しませんか？ これはプラスチックではなく，陶器製です．
客：そっちのほうがおしゃれね．いいわ，それじゃあ… 6 枚ください．おいくらですか？
店員：えーと… 120 ユーロです．

(1)「〜製」という素材を表す場合，前置詞 **en** を使います．
(2) **goût** はもともと「趣味」という意味ですが，**être à son goût** というと「〜の趣味に合う，好みである」ということになります．
(3) Elle est plus élégante.「よりエレガントである．」と言っています．
(4) **une demi-douzaine** は「半ダース」ということですから 6 つです．
(5) **cent vingt** euros です．正確に聞き取ってください．

解答 (1) ②　(2) ①　(3) ①　(4) ②　(5) ②

3級　必須ポイント

文法のまとめ　　　（1）動詞
　　　　　　　　　（2）代名詞
　　　　　　　　　（3）その他

覚えましょう　　　（1）慣用表現
　　　　　　　　　（2）動詞の構文

語彙集

文法のまとめ (1)　動詞（活用形と用法）

1. 動詞の活用形

3 級では第 2 問に，動詞の活用を書かせる問題が出題されますから，規則動詞および不規則動詞の活用形と，さまざまな法・時制の用法についての勉強は必須です．特に，直説法現在は，すべての活用の基本となりますので，しっかり復習しておきましょう．

語幹と語尾を覚えるときには，例えば「直説法半過去と現在分詞の語幹は，nous の直説法現在の語幹と同じ」など各時制を関連付けると，覚えやすくなります．不定詞の前に付いているチェック欄を利用して，1 つずつ確認していきましょう．

1) 直説法現在

① 第 1 群規則動詞（語尾が -er で終わる動詞の多くは規則的な活用をする．）
語幹は不定詞から語尾の -er を除いたもの．

第 1 群規則動詞直説法現在の語尾	
je —e	nous —ons
tu —es	vous —ez
il —e	ils —ent

☐ **chanter**

je chant**e**	nous chant**ons**
tu chant**es**	vous chant**ez**
il chant**e**	ils chant**ent**

② 第 1 群規則動詞の変則的活用（語尾が -er で終わる動詞であっても，発音上の理由から一部例外的な活用をすることがある．）

nous, vous 以外の活用が例外的なもの　nous の活用が例外的なもの
acheter j'achète, nous achetons　　**commencer** nous commençons
appeler j'appelle, nous appelons　　**manger** nous mangeons
envoyer j'envoie, nous envoyons

③ 第 2 群規則動詞（語尾が -ir で終わる動詞の多くは規則的な活用をする．ただし，語尾が -ir であっても，④ にあるように，不規則な活用をするものもある．）

語幹は不定詞から語尾の -ir を除いたもの．

第 2 群規則動詞直説法現在の語尾	
je —is	nous —issons
tu —is	vous —issez
il —it	ils —issent

☐ **finir**

je fin**is**	nous fin**issons**
tu fin**is**	vous fin**issez**
il fin**it**	ils fin**issent**

choisir, obéir, réfléchir, remplir, réussir, rougir, saisir などは同型

④ 不規則動詞　☆太字になっている活用形には特に注意しましょう．

☐ **aller**
je **vais**	nous allons
tu **vas**	vous allez
il **va**	ils **vont**

☐ **venir (revenir, tenir** は同型**)**
je **viens**	nous venons
tu **viens**	vous venez
il **vient**	ils **viennent**

☐ **partir (dormir, servir** は同型**)**
je pars	nous partons
tu pars	vous partez
il part	ils partent

☐ **faire**
je fais	nous **faisons**
tu fais	vous **faites**
il fait	ils **font**

☐ **dire**
je dis	nous disons
tu dis	vous **dites**
il dit	ils disent

☐ **prendre**
je prends	nous **prenons**
tu prends	vous **prenez**
il prend	ils **prennent**

☐ **mettre**
je mets	nous mettons
tu mets	vous mettez
il met	ils mettent

☐ **écrire**
j'écris	nous **écrivons**
tu écris	vous **écrivez**
il écrit	ils **écrivent**

☐ **pouvoir**
je **peux**	nous pouvons
tu **peux**	vous pouvez
il **peut**	ils **peuvent**

☐ **vouloir**
je **veux**	nous voulons
tu **veux**	vous voulez
il **veut**	ils **veulent**

☐ **devoir**
je **dois**	nous devons
tu **dois**	vous devez
il **doit**	ils **doivent**

☐ **voir**
je vois	nous **voyons**
tu vois	vous **voyez**
il voit	ils voient

☐ **savoir**
je **sais**	nous savons
tu **sais**	vous savez
il **sait**	ils savent

☐ **connaître**
je connais	nous connaissons
tu connais	vous connaissez
il **connaît**	ils connaissent

☐ **boire**
je bois	nous **buvons**
tu bois	vous **buvez**
il boit	ils **boivent**

☐ **recevoir**
je **reçois**	nous recevons
tu **reçois**	vous recevez
il **reçoit**	ils **reçoivent**

2) 命令法

① tu, nous, vous の直説法現在形から主語を省く．

② tu の現在形の語尾が -es, -as で終わる動詞の，tu に対する命令は語尾の -s が脱落する．

③ avoir, être, savoir は例外的な活用となる．(接続法の活用をもとにしている．)

□ **chanter**		□ **avoir**	□ **être**	□ **savoir**
Tu chantes.	→ Chante !	aie	sois	sache
Nous chantons.	→ Chantons !	ayons	soyons	sachons
Vous chantez.	→ Chantez !	ayez	soyez	sachez

3) 過去分詞

① 過去分詞の語尾は **-é, -i, -s, -t, -u** のいずれかになる．
② 不定詞の語尾が -er で終わるすべての動詞 → -é
③ 不定詞の語尾が -ir で終わる多くの動詞 → -i
④ 例外的な過去分詞で覚えておきたいもの．

□ avoir → eu　　　　□ être → été　　　　□ mettre → mis
□ prendre → pris　　□ dire → dit　　　　□ écrire → écrit
□ faire → fait　　　　□ attendre → attendu　□ boire → bu
□ connaître → connu　□ lire → lu　　　　□ pouvoir → pu
□ recevoir → reçu　　□ savoir → su　　　□ venir → venu
□ vivre → vécu　　　□ voir → vu　　　　□ vouloir → voulu　など

4) 直説法複合過去

① 助動詞 (avoir または être) の直説法現在＋過去分詞〔複合時制〕
② 助動詞に être を用いる動詞は，一部の自動詞 (aller, venir, partir, arriver, entrer, sortir, monter, descendre, naître, mourir, devenir, rentrer, rester, tomber など)，および代名動詞．
③ 助動詞に être を用いるとき，過去分詞は主語の性数に一致する．

□ **chanter**		□ **partir**	
j'ai chanté	nous avons chanté	je suis parti(**e**)	nous sommes parti(**e**)**s**
tu as chanté	vous avez chanté	tu es parti(**e**)	vous êtes parti(**e**)(**s**)
il a chanté	ils ont chanté	il est parti	ils sont parti**s**
elle a chanté	elles ont chanté	elle est parti**e**	elles sont parti**es**

5) 代名動詞の直説法現在・直説法複合過去・命令法

① 代名動詞の直説法複合過去では，再帰代名詞が直接目的になっている場合のみ，過去分詞は主語の性数に一致する．
② 代名動詞の肯定命令文は，主語を省き，動詞と再帰代名詞を倒置して，-（トレ・デュニオン）で結ぶ．te は toi に変わる．

□ **se coucher** (直説法現在)

je	me couche	nous	nous couchons
tu	te couches	vous	vous couchez
il	se couche	ils	se couchent
elle	se couche	elles	se couchent

□**se coucher**（直説法複合過去）

je	me suis	couché(**e**)	nous nous	sommes	couché(**e**)**s**
tu	t'es	couché(**e**)	vous vous	êtes	couché(**e**)(**s**)
il	s'est	couché	ils	se	sont	couché**s**
elle	s'est	couché**e**	elles	se	sont	couché**es**

□**se coucher**（命令法）

Tu te couches. → Couche-toi ! ☆Couche の **s** の脱落にも注意すること.
Nous nous couchons. → Couchons-nous !
Vous vous couchez. → Couchez-vous !

6) 直説法半過去
   ① 語幹は nous の直説法現在形から -ons を除いたもの.
   ② être のみ例外的な語幹 (**ét-**) をとる.

直説法半過去の語尾			□**chanter**（直説法現在 nous chantons）		
je —ais	nous —ions		je chant**ais**	nous chant**ions**	
tu —ais	vous —iez		tu chant**ais**	vous chant**iez**	
il —ait	ils —aient		il chant**ait**	ils chant**aient**	

7) 直説法大過去
   助動詞 (avoir または être) の直説法半過去＋過去分詞〔複合時制〕
   chanter　j'avais chanté,　　　nous avions chanté,
   partir　　j'étais parti(**e**),　　nous étions parti(**e**)**s**,

8) 現在分詞
   ① 語幹は nous の直説法現在形から -ons を除いたもの（直説法半過去と同じ）.
   ② 語尾は **-ant**　　chanter → nous chantons → chantant
   ③ 例外的な現在分詞　avoir → ayant, être → étant, savoir → sachant
   ④ ジェロンディフ（文法のまとめ **(1) 2. 10** 参照）は《**en**＋現在分詞》の形をとる.

9) 直説法単純未来
   ① 語幹は不定詞から -r(e) を除いたもの. ただし例外が多い.

直説法単純未来の語尾			□**chanter**		
je —rai	nous —rons		je chante**rai**	nous chante**rons**	
tu —ras	vous —rez		tu chante**ras**	vous chante**rez**	
il —ra	ils —ront		il chante**ra**	ils chante**ront**	

② 例外的な語幹で覚えておきたいもの．
- ☐ avoir → j'aurai
- ☐ être → je serai
- ☐ acheter → j'achèterai
- ☐ aller → j'irai
- ☐ faire → je ferai
- ☐ pouvoir → je pourrai
- ☐ venir → je viendrai
- ☐ voir → je verrai
- ☐ vouloir → je voudrai

10) 直説法前未来

助動詞（avoir または être）の直説法単純未来＋過去分詞〔複合時制〕
- **chanter**　j'aurai chanté,　　nous aurons chanté,
- **partir**　je serai parti(**e**),　nous serons parti(**e**)**s**,

11) 条件法現在

① 語幹は直説法単純未来と同じ（不定詞から -r(e) を除いたもの．例外が多い）．

② 語尾は r＋直説法半過去の語尾

条件法現在の語尾			
je　—rais	nous　—rions
tu　—rais	vous　—riez
il　—rait	ils　—raient

☐ **chanter**
je chante**rais**	nous chante**rions**
tu chante**rais**	vous chante**riez**
il chante**rait**	ils chante**raient**

12) 条件法過去

助動詞（avoir または être）の条件法現在＋過去分詞〔複合時制〕
- **chanter**　j'aurais chanté,　　nous aurions chanté,
- **partir**　je serais parti(**e**),　nous serions parti(**e**)**s**,

13) 接続法現在

① 語幹は ils の直説法現在形から -ent を除いたもの．

② 直説法現在の nous と ils の語幹が異なる場合，nous, vous の接続法現在は nous の直説法現在形から -ons を除いたものを語幹とする．

③ je, tu, il, ils の語尾は第1群規則動詞の直説法現在と同じ．nous, vous の語尾は直説法半過去と同じ．

接続法現在の語尾			
je　—e	nous　—ions
tu　—es	vous　—iez
il　—e	ils　—ent

☐ **chanter** (直説法現在 ils <u>chantent</u>)
je chant**e**	nous chant**ions**
tu chant**es**	vous chant**iez**
il chant**e**	ils chant**ent**

☐ **finir** (ils <u>finissent</u>)
je finiss**e**	nous finiss**ions**
tu finiss**es**	vous finiss**iez**
il finiss**e**	ils finiss**ent**

☐ **venir** (ils <u>viennent</u>, nous <u>venons</u>)
je vienn**e**	nous ven**ions**
tu vienn**es**	vous ven**iez**
il vienn**e**	ils vienn**ent**

④ 例外的な接続法現在の活用で覚えておきたいもの．
・avoir, être は語幹・語尾ともに例外
　　□**avoir**　j'aie, tu aies, il ait, nous ayons, vous ayez, ils aient
　　□**être**　je sois, tu sois, il soit, nous soyons, vous soyez, ils soient
・すべての人称の語幹が例外的な語幹となる動詞
　　□**faire**　　je fasse,　　nous fassions,　〔語幹は fass-〕
　　□**pouvoir**　je puisse,　 nous puissions,　〔語幹は puiss-〕
　　□**savoir**　 je sache,　　nous sachions,　〔語幹は sach-〕
・je, tu, il, ils の語幹が例外的な語幹となる動詞
　　□**aller**　j'aille,　　nous allions,
　　　〔je, tu, il, ils の語幹は aill- ; nous, vous の語幹は all-〕
　　□**vouloir**　je veuille,　nous voulions,
　　　〔je, tu, il, ils の語幹は veuill- ; nous, vous の語幹は voul-〕

2.　動詞の用法
1)　直説法現在
① 現在の行為・状態・習慣
　　Je *bois* du café tous les matins.　私は毎朝コーヒーを飲みます．
② 現在まで続いている事柄
　　J'*habite* à Kyoto depuis trois ans.　私は 3 年前から京都に住んでいます．

2)　直説法複合過去
① 過去の出来事や行為
　　J'*ai vu* Paul ce matin.　今朝ポールに会いました．
② 完了・過去の行為の結果としての現在の状態
　　Je n'*ai* pas encore *déjeuné*.　私はまだ昼食をとっていません．〔完了〕
　　Claire n'est pas là ; elle *est sortie*.
　　　クレールはいません，出かけています．〔結果としての現在の状態〕

3)　直説法半過去
① 過去における継続的な行為〔過去進行形〕
　　La voiture *roulait* à toute vitesse.　車は全速力で走っていました．
② 過去における状態
　　Avant, j'*avais* les cheveux courts.　以前は髪を短くしていました．
③ 過去における習慣や反復的行為
　　Nous *allions* en Bretagne tous les ans.
　　　私たちは毎年ブルターニュに行ったものでした．
　　☆ただし，継続的な行為であっても期間が限定されている場合は複合過去を用いる．
　　J'*ai habité* à Kyoto pendant trois ans.　私は京都に 3 年間住んでいました．

④《**si**＋半過去...?》（〜しませんか？）〔勧誘〕
　　Si on *prenait* un verre ?　一杯やりませんか？
⑤ 時制の照応（主節の動詞が過去のとき，従属節中に用いられる半過去は「過去における現在」を示す．）
　　Il m'a dit qu'il *était* fatigué.　彼は私に，疲れていると言いました．
　　（＝Il m'a dit :《 Je suis fatigué. 》）

4) 直説法大過去

① 過去のある時点以前に完了した行為や出来事
　　Quand je suis arrivé, elle *était* déjà *partie*.
　　　　私が着いたとき，彼女はすでに出発してしまっていた．
② 時制の照応（主節の動詞が過去のとき，従属節中に用いられる大過去は「過去における過去」を示す．）
　　Il m'a dit qu'il *avait dîné* avec Pierre.
　　　　彼は私に，ピエールといっしょに夕食を食べたと言いました．
　　（＝Il m'a dit :《 J'ai dîné avec Pierre. 》）

5) 直説法単純未来

① 未来の行為や状態
　　Nous *visiterons* l'Italie l'année prochaine.　来年私たちはイタリアを訪れます．
② 可能性のある仮定 ⇨《**Si**＋直説法現在, 直説法単純未来》
　　S'il fait beau, j'*irai* à la plage.　天気がよければ海辺に行くでしょう．
③ 軽い命令（2人称の単純未来）
　　Tu me *téléphoneras* ce soir !　今晩電話してください．

6) 直説法前未来

未来のある時点以前に完了した行為や出来事
　　Quand j'arriverai, elle *sera* déjà *partie*.
　　　　私が着くころには，彼女はすでに出発してしまっているでしょう．

7) 条件法現在

① 現在の事実に反する仮定 ⇨《**Si**＋直説法半過去, 条件法現在》
　　S'il faisait beau, j'*irais* à la plage.　天気がよければ海辺に行くのに．
　　☆実現可能な仮定の場合は《Si＋直説法現在, 直説法単純未来》
② 語調緩和・推量
　　Je *voudrais* voir Monsieur Gautier.　ゴーティエさんにお会いしたいのですが．
③ 時制の照応（主節の動詞が過去のとき，従属節中に用いられる条件法現在は「過去における未来」を示す．）

Il m'a dit qu'il *dînerait* avec Pierre.
   彼は私に，ピエールといっしょに夕食を食べるだろうと言いました．
   (=Il m'a dit : « Je dînerai avec Pierre. »)

8) **条件法過去**
   ① 過去の事実に反する仮定 ⇨《**Si**＋直説法大過去，条件法過去》
   S'il avait fait beau, je *serais allé* à la plage.
   天気がよかったら海辺に行ったのに．
   ② 時制の照応（主節の動詞が過去のとき，従属節中に用いられる条件法過去は「過去における前未来」を示す．）
   Il m'a dit qu'il *aurait dîné* avant huit heures.
   彼は私に，8時前には夕食を食べ終わっているだろうと言いました．
   (=Il m'a dit : « J'aurai dîné avant huit heures. »)

9) **接続法現在**
   従属節のなかで用いられ，主観的な事柄を表す．
   ① 願望・感情・疑いなどを表す動詞に続く従属節のなかで
   Je veux que tu *viennes* ce soir.　私は今晩君に来てもらいたいです．
   ② 主節が否定文または疑問文で，従属節の内容が不確実な場合
   Je ne crois pas qu'il *vienne* ce soir.　私は今晩彼が来るとは思いません．
   ③ 目的や譲歩などを表す接続詞句に続く従属節のなかで
   Bien qu'il *soit* fatigué, il viendra.　彼は疲れているけれど来るでしょう．
   ④ 先行詞が最上級またはそれに準ずる表現（seul など）の場合，それに続く関係詞節のなかで
   C'est le meilleur restaurant que je *connaisse*.
   それは私が知っている1番おいしいレストランです．

10) **ジェロンディフ**
    副詞的に働き，同時性・手段・条件・対立・譲歩などを表す．
    ジェロンディフの動作主は主節の主語と同一である．
    ① 同時性
    J'ai vu Paul *en revenant* du cinéma.
    私は映画館から帰るとき，ポールに会いました．〔revenir の主語は「私」〕
    ☆現在分詞を用いると，J'ai vu Paul *revenant* du cinéma.
    私は映画館から帰ってくるポールに会いました．〔revenir の主語は「ポール」〕
    ② 手段
    Il a appris le japonais *en lisant* le journal.　彼は新聞を読んで日本語を学びました．
    ③ 条件
    En travaillant bien, vous réussirez.　しっかり勉強すれば成功するでしょう．
    ④ 対立・譲歩
    Tout *en étant* riche, il n'est pas heureux.　金持ちだが，彼は幸せではない．

文法のまとめ (2) 代名詞

1. 目的語人称代名詞

主語	je	tu	il	elle	nous	vous	ils	elles
直接目的語	me (m')	te (t')	le (l')	la (l')	nous	vous	les	
間接目的語			lui				leur	

1) **目的語人称代名詞の位置** ⇨ 肯定命令文を除き，動詞の直前（複合時制の場合は助動詞の直前）．

   Il cherche <u>Marie</u>. 彼はマリーを探しています． → Il *la* cherche.
   Il a téléphoné <u>à Marie</u>. 彼はマリーに電話しました． → Il *lui* a téléphoné.
   Il a vu <u>Marie</u>. 彼はマリーに会いました． → Il *l'*a vu**e**.

   ☆複合時制で，直接目的語が動詞の前に置かれる場合，過去分詞は直接目的語の性数に一致する．

2) **不定詞が目的語をとる場合** ⇨ 目的語人称代名詞は不定詞の直前．

   Je vais écrire <u>à Jean</u>. 私はジャンに手紙を書くつもりです． → Je vais *lui* écrire.

   ☆ただし，使役・放任・知覚動詞のときは，動詞（助動詞）の前に置く（文法のまとめ (3) 2. 参照）．

   Je fais venir <u>Jean</u>. 私はジャンを来させます．
   → Je *le* fais venir. → Je *l'*ai fait venir.

3) **否定文** ⇨ ne + 目的語人称代名詞 + 動詞（助動詞） + pas

   Tu cherches <u>Marie</u>. 君はマリーを探しています．
   → Tu la cherches. → Tu ne la cherches pas.
   Tu as vu <u>Marie</u>. 君はマリーに会いました．
   → Tu l'as vue. → Tu ne l'as pas vue.

4) **否定命令文** ⇨ 否定文から主語を省く．動詞は命令形．

   Tu ne la cherches pas. 君は彼女を探しません．
   → Ne la cherche pas. 彼女を探さないで．

5) **2 つの目的語人称代名詞を使う場合** ⇨

   me, te, nous, vous（間接目的）＋ le, la, les（直接目的）
   または le, la, les（直接目的）＋ lui, leur（間接目的） の語順．

   Il me montre <u>cette photo</u>. 彼は私にこの写真を見せます． → Il *me la* montre.
   Il montre <u>cette photo</u> <u>à Marie</u>. 彼はマリーにこの写真を見せます．
   → Il *la lui* montre.

6) **肯定命令文**（例外的語順）⇨《**動詞＋目的語人称代名詞**（直接目的＋間接目的）》．動詞と目的語人称代名詞は － (トレ・デュニオン) で結ぶ．me は moi（強勢形）に変わる．

 Montrez cette photo à Marie.　この写真をマリーに見せてください．
  → Montrez-*la-lui*.
 Montrez-moi cette photo.　この写真を私に見せてください．
  → Montrez-*la-moi*.

7) **人称代名詞を使うときに注意すべき動詞**

 ① **penser**
  Je pense à Marie.　私はマリーのことを考える．→ Je pense *à elle*.
  ☆Je lui pense. と言うことはできない．penser à のあとに代名詞が続くときは強勢形（文法のまとめ **(2) 3.** 参照）を用いる．

 ② **présenter**
  Je vous présente à Marie.　私はあなたをマリーに紹介する．
  → Je vous présente *à elle*.
  ☆à Marie を lui にかえて，Je vous lui présente. と言うことはできない．vous と lui を1つの文中で使うことはできないので，à Marie は強勢形（文法のまとめ **(2) 3.** 参照）を用いて à elle となる．

2.　代名動詞

1) **再帰代名詞の位置** ⇨ 肯定命令文を除き，動詞（複合時制の場合は助動詞）の直前．
 Je *me* couche.　私は寝ます．〔現在〕
 Je *me* suis couché(e).　私は寝ました．〔複合過去〕

2) **代名動詞が不定詞として用いられる場合** ⇨ 再帰代名詞は主語に合わせて変化する．
 Je vais *me* coucher.　私はこれから寝るところです．

3) **否定文** ⇨ ne＋ 再帰代名詞＋動詞（助動詞） ＋pas
 Tu ne te couches pas.　君は寝ません．

4) **否定命令文** ⇨ 否定文から主語を除く．動詞は命令形．
 Ne te couche pas.　寝ないで．

5) **肯定命令文** ⇨ 動詞＋再帰代名詞の語順．動詞と再帰代名詞は － (トレ・デュニオン) で結ぶ．また te は toi（強勢形）に変わる．
 Couche-*toi*.　寝なさい．　Couchons-*nous*.　寝ましょう．
 Couchez-*vous*.　寝てください．

3. 強勢形人称代名詞

主語	je	tu	il	elle	nous	vous	ils	elles
強勢形	moi	toi	lui	elle	nous	vous	eux	elles

1) 主語の強調

Moi, j'ai faim.　私は，おなかがすいています．

2) 前置詞のあと

Je voyage avec Paul.　私はポールと旅行します．→ Je voyage avec *lui*.

3) 比較の que のあと

Elle est plus bavarde que *toi*.　彼女は君よりおしゃべりです．

4) 肯定命令文で（me は moi に，te は toi に変わる．）（文法のまとめ **(2) 1. 6**) および **(2) 2. 5**) 参照）

Montrez-*moi* cette photo.　私にその写真を見せてください．
Couche-*toi* tôt.　早く寝なさい．

5) 主語を強調する強調構文で（文法のまとめ **(3) 3.** 参照）

Il est arrivé en retard.　彼は遅れて到着した．
　→ C'est *lui* qui est arrivé en retard.　遅れて到着したのは彼です．

4. 中性代名詞（en, y, le）（語順に関する規則は目的語人称代名詞と同じ）

1) en

① 《**de**＋場所》に代わる．

Il vient de Paris.　彼はパリ出身です．〔出発点を表す〕→ Il *en* vient.

② 《**de**＋物》に代わる．

Il parle de son avenir.　彼は自分の将来について話します．〔parler de…〕
　→ Il *en* parle.

③ 《不定冠詞複数形 (**des**), 部分冠詞 (**du, de la, de l'**)＋名詞》に代わる．

Elle boit du café.　彼女はコーヒーを飲みます．→ Elle *en* boit.

④ 《数詞＋名詞》や《数量副詞 (beaucoup de など)＋名詞》の名詞に代わる．

J'ai un chien.　私は犬を1匹飼っています．→ J'*en* ai un.
Il a beaucoup de livres.　彼は沢山の本を持っています．→ Il *en* a beaucoup.

2) y

① 《**à**＋物》に代わる．

Il pense à son avenir.　彼は自分の将来について考えます．→ Il *y* pense.

② 《場所を表す前置詞＋場所》に代わる．
　　Elle est allée en France.　彼女はフランスに行きました．→ Elle *y* est allée.
　　☆場所を表す前置詞は，à, chez, dans, en, sous, sur など．
3) **le**
　① 属詞（形容詞や無冠詞の名詞）に代わる．
　　Il est content.　彼は満足しています．→ Il *l'*est.
　② 不定詞や節，文に代わる．
　　Je sais qu'il est malade.　私は彼が病気なのを知っています．→ Je *le* sais.

5. 不定代名詞 (quelqu'un, quelque chose, ne... personne, ne ... rien)

	人	物
肯定	**quelqu'un**（だれか） Tu cherches *quelqu'un*? 　だれかを探しているのですか？	**quelque chose**（何か） Tu cherches *quelque chose*? 　何かを探しているのですか？
否定	**ne... personne**（だれも〜ない） Je *ne* cherche *personne*. 　私はだれも探していません． *Personne n'*est venu. 　だれも来ませんでした．	**ne... rien**（何も〜ない） Je *ne* cherche *rien*. 　私は何も探していません． *Rien n'*a changé. 　何も変わっていません．

6. 不定代名詞および不定形容詞としての tout
1) **不定代名詞として (tout, tous, toutes)**
　① 単数形 ⇨「すべて，全部」　　J'ai *tout* compris.　全部わかりました．
　② 複数形 ⇨「すべての人，物」　*Tous* sont venus.　みんな来ました．
2) **不定形容詞として (tout, toute, tous, toutes)**
　①《**tout le (toute la)**＋単数名詞》「〜のすべて」
　　toute la nuit　ひと晩中
　②《**tous (toutes) les**＋複数名詞》「すべての〜，毎〜」
　　toutes les nuits　毎夜
　③《**tous (toutes) les**＋時間表現》「〜ごとに，〜おきに，毎〜」
　　toutes les trois heures　3時間おきに
　④ **指示代名詞とともに** ⇨「〜のすべて」
　　Dites-moi *tout* ce que vous voulez.
　　　あなたが望んでいることすべて私に言ってください．

7. 関係代名詞 (qui, que, dont, où)

1) qui（先行詞があとにくる動詞の主語となる．先行詞は人／物）

J'attends le train．　Ce train part à neuf heures.
→ J'attends le train *qui* part à neuf heures.
　　私は9時発の電車を待っています．

Ce *qui* est important, c'est de réfléchir.
　　大切なこと，それはよく考えることです．〔ce が先行詞〕

C'est moi *qui* suis arrivé le dernier.　最後に着いたのは私です．〔強調構文〕

2) que（先行詞があとにくる動詞の直接目的語となる．先行詞は人／物）

C'est le livre．　Je cherchais ce livre.
→ C'est le livre *que* je cherchais.　これが私が探していた本です．

Ce *que* tu me dis n'est pas très clair.
　　あなたが私に言っていることはあまり明快ではありません．〔ce が先行詞〕

C'est ce livre *que* je cherchais.　私が探していたのはこの本です．〔強調構文〕

3) dont（de＋先行詞に代わるもの．先行詞は人／物）

C'est le film．　On parle beaucoup de ce film.
→ C'est le film *dont* on parle beaucoup.　これが話題の映画です．

Ce *dont* j'ai besoin, c'est votre aide.
　　私が必要なもの，それはあなたの助けです．〔ce が先行詞〕

4) où（場所や時を表すことばを先行詞とし，副詞的に用いられる．）

Voilà la ville *où* je suis né.　あれが私が生まれた町です．

Je me souviens bien du jour *où* nous nous sommes rencontrés.
　　私たちが出会った日のことを私はよく覚えています．

8. 疑問代名詞

1) 性数の変化がないもの

	主語	直接目的語・属詞	間接目的語・状況補語
人（だれ）	① **Qui est-ce qui**　＋動詞 **Qui**＋動詞 （だれが？）	② **Qui est-ce que**　＋主語＋動詞 **Qui**＋動詞＋主語〔倒置〕 主語＋動詞＋**qui** （だれを？／だれ？）	③ 前置詞＋**qui**＋動詞　＋主語〔倒置〕 主語＋動詞＋前置詞＋**qui**
物（何）	④ **Qu'est-ce qui**　＋動詞 （何が？）	⑤ **Qu'est-ce que**　＋主語＋動詞 **Que**＋動詞＋主語〔倒置〕 主語＋動詞＋**quoi** （何を？／何？）	⑥ 前置詞＋**quoi**＋動詞　＋主語〔倒置〕 主語＋動詞＋前置詞＋**quoi**

① *Qui est-ce qui* parle ? / *Qui* parle ? だれが話しているのですか？
② *Qui est-ce que* vous attendez ? / *Qui* attendez-vous ? / Vous attendez *qui* ? あなたはだれを待っているのですか？
Qui est-ce ? / C'est *qui* ? だれですか？
③ *À qui* pensez-vous ? / Vous pensez *à qui* ?
あなたはだれについて考えているのですか？
④ *Qu'est-ce qui* se passe ? 何が起きたのですか？
⑤ *Qu'est-ce que* vous cherchez ? / *Que* cherchez-vous ? / Vous cherchez *quoi* ? あなたは何を探しているのですか？
Qu'est-ce que c'est ? / C'est *quoi* ? これは何ですか？
⑥ *À quoi* pensez-vous ? / Vous pensez *à quoi* ?
あなたは何について考えているのですか？

2) 性数の変化があるもの（「〜のうちのだれ？　どれ？」という意味で用いられる．）

lequel (男性単数)	**laquelle** (女性単数)	**lesquels** (男性複数)	**lesquelles** (女性複数)

De ces deux vestes, *laquelle* préférez-vous ?
これら2着のジャケットのうち，どちらの方がお好きですか？

9. 指示代名詞

1) 性数の変化がないもの

① **ce**（être の主語または関係代名詞の先行詞として用いられる．）
C'est un stylo. *Ce* sont des stylos. これ（ら）は万年筆です．〔être の主語〕
Fais *ce* que tu veux. したいことをしなさい．〔関係代名詞の先行詞〕

② **ceci, cela**（対比を表す．）
Je préfère *ceci* à *cela*. そちらよりこちらの方が好きです．

③ **ça**（慣用表現で多く用いられる．）
Ça va ? 元気？　*Ça* m'est égal. どうでもいい．

2) 性数の変化があるもの

celui (男性単数)	**celle** (女性単数)	**ceux** (男性複数)	**celles** (女性複数)

① 既出の名詞に代わる．
Voici mon portable et *celui* de ma mère. これが私の携帯電話と母のです．
〔celui＝le portable〕

② 関係節とともに不特定の人(人々)を表す．
　　Ceux qui sont riches ne sont pas toujours heureux.
　　　裕福な人々がいつも幸せとは限りません．
③ 指示代名詞のあとに -ci, -là をつけて，前者と後者を区別する（-ci はより近い名詞，つまり日本語の「後者」を表し，-là は「前者」を表す）．
　　J'ai deux frères ; Jean et Paul.　*Celui-ci* est journaliste et *celui-là* est médecin.
　　　私には，ジャンとポールという2人の兄弟がいます．ポール（後者）はジャーナリストで，ジャン（前者）は医者です．

10. 所有代名詞

「～のもの」という意味を表す．所有されるものの性数に応じて変化し，常に定冠詞とともに用いられる．

所有者＼所有されるもの	男性単数	女性単数	男性複数	女性複数
je	le mien	la mienne	les miens	les miennes
tu	le tien	la tienne	les tiens	les tiennes
il / elle	le sien	la sienne	les siens	les siennes
nous	le nôtre	la nôtre	les nôtres	
vous	le vôtre	la vôtre	les vôtres	
ils / elles	le leur	la leur	les leurs	

Ce n'est pas ton parapluie.　C'est *le mien*.
　それはあなたの傘ではありません．私のです．〔le mien＝mon parapluie〕
Mes chaussures sont plus grandes que *les tiennes*.
　私の靴はあなたのよりも大きいです．〔les tiennes＝tes chaussures〕

文法のまとめ (3)　その他

1.　6つの基本文型

1) 主語＋動詞

　　Le soleil brille.　太陽は輝く．

2) 主語＋動詞＋属詞

　　Pierre est étudiant.　ピエールは学生です．

3) 主語＋動詞＋直接目的語

　　Je regarde la télévision.　私はテレビを見ます．

4) 主語＋動詞＋間接目的語

　　Marie ressemble à sa mère.　マリーは母親に似ています．

5) 主語＋動詞＋直接目的語＋間接目的語

　　Il a écrit une lettre à ses parents.　彼は両親に手紙を書きました．

6) 主語＋動詞＋直接目的語＋直接目的語の属詞

　　Je trouve Marie très jolie.　私はマリーがとてもかわいいと思います．

2.　使役動詞・放任動詞・知覚動詞の構文

1) 使役動詞

　　《主語 (A)＋**faire**＋不定詞＋名詞 (B)》「A は B に〜させる」
　　☆名詞 (B) は不定詞の主語（放任動詞および知覚動詞の場合も同様）．

　Elle *fait* courir son fils.　彼女は息子を走らせます．
　Elle le *fait* courir.　彼女は彼を走らせます．
　Elle l'a *fait* courir.　彼女は彼を走らせました．
　　☆名詞を代名詞にするときは，代名詞を faire（複合時制の場合は助動詞）の直前に置く（放任動詞および知覚動詞の場合も同様）．

2) 放任動詞

　　《主語 (A)＋**laisser**＋名詞 (B)＋不定詞》／《主語 (A)＋**laisser**＋不定詞＋名詞 (B)》「A は B に〜させておく，A は B に〜させてやる」

　Elle *laisse* son fils partir. / Elle *laisse* partir son fils.
　　彼女は息子を出発させてやります．
　Elle *le laisse* partir.　彼女は彼を出発させてやります．
　Elle *l'a laissé* partir.　彼女は彼を出発させてやりました．

3) 知覚動詞（voir, regarder, entendre, écouter など）

《主語（A）＋知覚動詞＋名詞（B）＋不定詞》／《主語（A）＋知覚動詞＋不定詞＋名詞（B）》「A は B が〜するのを見る／聞く」

 Elle *voit* son fils entrer dans le cinéma. ／ Elle *voit* entrer son fils dans le cinéma.　彼女は息子が映画館に入るのを見ます．
 Elle *le voit* entrer dans le cinéma.　彼女は彼が映画館に入るのを見ます．
 Elle *l'a vu* entrer dans le cinéma.　彼女は彼が映画館に入るのを見ました．

3. 強調構文

1) 主語の強調　《C'est / Ce sont＋主語＋qui…》

 C'est Marie *qui* va au concert avec lui.
  彼とコンサートに行くのはマリーです．〔Marie va au concert avec lui.〕
 C'est moi *qui* vais au concert avec lui.
  彼とコンサートに行くのは私です．〔Je vais au concert avec lui.〕
 ☆主語人称代名詞を強調するときは，強勢形を用いる．

2) 主語以外の要素の強調　《C'est / Ce sont＋強調する部分＋que…》

 C'est avec lui *que* je vais au concert.　私がコンサートに行くのは彼とです．
 C'est au concert *que* je vais avec lui.　私が彼と行くのはコンサートです．

4. 比較級と最上級

1) 比較級

① 形容詞・副詞

 優等比較　⎰ **plus**　　⎱
 同等比較　⎨ **aussi**　⎬ ＋ 形容詞／副詞 ＋ **que**
 劣等比較　⎱ **moins**　⎰

 ☆同等比較の否定文では，ne... pas aussi... que の代わりに ne... pas si... que が用いられることもある．

② 名詞の数量

 優等比較　⎰ **plus**　　　⎱
 同等比較　⎨ **autant**　⎬ **de** ＋ 名詞 ＋ **que**
 劣等比較　⎱ **moins**　 ⎰

 ☆名詞の数量の同等比較は aussi ではなく autant を用いる．

2) 最上級

① 形容詞 《定冠詞 (le / la / les) + {plus / moins} + 形容詞 + de》

Paul est *le plus grand de* la classe.
/ Marie est *la plus grande de* la classe.
<small>ポール / マリーはクラスで 1 番背が高い．</small>

C'est *la plus belle* saison de l'année.
<small>それは 1 年で最も美しい季節です．〔C'est une *belle* saison.〕</small>

C'est la saison *la plus agréable de* l'année.
<small>それは 1 年で最も快適な季節です．〔C'est une saison *agréable*.〕</small>

☆形容詞の位置（名詞の前に置かれるか，うしろに置かれるか）により，最上級の形も変わる．形容詞が名詞のうしろに置かれる場合には定冠詞が 2 度繰り返される．

② 副詞 《定冠詞 (le) + {plus / moins} + 副詞 + de》

☆副詞の最上級の定冠詞は常に le となる．

Marie nage *le plus vite de* la classe.　<small>マリーはクラスで 1 番早く泳ぎます．</small>

③ 名詞の数量 《定冠詞 (le) + {plus / moins} de + 名詞 + de》

☆名詞の数量の最上級の定冠詞は常に le となる．

C'est Paul qui a *le plus de livres des* trois.
<small>3 人の中で 1 番たくさん本を持っているのはポールです．</small>

3) 特殊な優等比較級・優等最上級

① **bon(*ne*)(*s*)**

優等比較級　plus ~~bon(*ne*)(*s*)~~ que → **meilleur(*e*)(*s*)** que

優等最上級　le / la / les　meilleur(*e*)(*s*) de

② **bien**

優等比較級　plus ~~bien~~ que → **mieux** que

優等最上級　le mieux de

☆bon も bien も同等比較級，劣等比較級，劣等最上級の場合は特殊な形をとらず，aussi bon(*ne*)(*s*), moins bon(*ne*)(*s*) のようになる．

5. 受動態 《être＋過去分詞＋par / de＋動作主》

1) 過去分詞の性数一致 ⇨ 受動態の過去分詞は，主語の性数に一致する．

Marie *est invitée par* Paul.　<small>マリーはポールに招待されます．〔直説法現在〕</small>

2) 受動態の時制 ⇨ 受動態の時制は être の活用によって示す.

 Marie *a été* invitée par Paul.
  マリーはポールに招待されました.〔直説法複合過去〕
 Marie *sera* invitée par Paul.
  マリーはポールに招待されるでしょう.〔直説法単純未来〕

3) par と de の使い分け ⇨ 動作主は一般に par によって導かれるが, 感情や状態を表す動詞の場合は, 多く de が用いられる.

 Marie est aimée *de* tout le monde. マリーはみんなに愛されています.
 Marie était respectée *de* tout le monde. マリーはみんなに尊敬されていました.

6. 間接話法

1) 主節が現在の場合 ⇨ つなぎのことばが何になるか, またそのあとの語順に注意する.

	直接話法	→	間接話法
1)	平叙文		que (qu')＋主語＋動詞
2)	oui / non で答えられる疑問文		si＋主語＋動詞
3)	疑問詞を用いた疑問文		同じ疑問詞＋主語＋動詞
4)	qu'est-ce qui	→	ce qui＋動詞
5)	qu'est-ce que / que		ce que＋主語＋動詞
6)	肯定命令文		de＋動詞（不定詞）
7)	否定命令文		de ne pas＋動詞（不定詞）

1) Il me dit : « Je vais au cinéma avec Marie. »
 彼は私に「マリーといっしょに映画に行くよ.」と言います.
 → Il me dit *qu'*il va au cinéma avec Marie.
2) Il me demande : « Allez-vous au cinéma avec Marie ? »
 彼は私に「マリーといっしょに映画に行くの ?」とたずねます.
 → Il me demande *si* je vais au cinéma avec Marie.
3) Il me demande : « Avec qui allez-vous au cinéma ? »
 彼は私に「誰といっしょに映画に行くの ?」とたずねます.
 → Il me demande *avec qui* je vais au cinéma.
4) Il me demande : « Qu'est-ce qui se passe ? »
 彼は私に「何が起こったの ?」とたずねます.
 → Il me demande *ce qui* se passe.
5) Il me demande : « Qu'est-ce que vous prenez ? »
 彼は私に「何を注文する ?」とたずねます.
 → Il me demande *ce que* je prends.

6) Il me dit : « Parlez plus fort. »
    彼は私に「もっと大きな声で話してください。」と言います.
    → Il me dit *de* parler plus fort.
7) Il me dit : « Ne parlez pas si fort. »
    彼は私に「そんなに大声で話さないでください。」と言います.
    → Il me dit *de ne pas* parler si fort.

2) 主節が過去の場合 ⇨ 時制の照応に注意する.

	直接話法	→	間接話法
1)	« 直説法現在 »		直説法半過去
2)	« 直説法複合過去 »		直説法大過去
3)	« 直説法単純未来 »		条件法現在
4)	« 直説法前未来 »		条件法過去

1) Il m'a dit : « Je suis fatigué. »
    彼は私に「僕は疲れている。」と言いました.
    → Il m'a dit qu'il *était* fatigué.
2) Il m'a dit : « J'ai dîné avec Pierre. »
    彼は私に「僕はピエールと夕食を食べた。」と言いました.
    → Il m'a dit qu'il *avait dîné* avec Pierre.
3) Il m'a dit : « Je dînerai avec Pierre. »
    彼は私に「僕はピエールと夕食を食べるだろう。」と言いました.
    → Il m'a dit qu'il *dînerait* avec Pierre.
4) Il m'a dit : « J'aurai dîné avant huit heures. »
    彼は私に「僕は8時前には夕食を食べ終わっているだろう。」と言いました.
    → Il m'a dit qu'il *aurait dîné* avant huit heures.

【覚えましょう (1)】　慣用表現

(vous と tu が併記されている文の和訳は vous の場合の訳です.)

Bon... , Bonne... で始まる祈願を表す表現
- ☐ Bon appétit !　　　　　　　　召し上がれ！
- ☐ Bon voyage !　　　　　　　　よいご旅行を！　いってらっしゃい！
- ☐ Bonne chance !　　　　　　　幸運をお祈りしています！
- ☐ Bonnes vacances !　　　　　　よい休暇をお過ごしください！

À... で始まる別れの表現
- ☐ À la prochaine (fois) !　　　　また今度！
- ☐ À tout de suite !　　　　　　またすぐあとで！

C'est... , Ce n'est pas... で始まる表現
- ☐ C'est dommage.　　　　　　　それは残念です.
- ☐ (C'est) entendu.　　　　　　了解しました.
- ☐ C'est gentil.　　　　　　　　どうもご親切に.
- ☐ C'est vrai ?　　　　　　　　本当ですか？
- ☐ C'est une bonne idée.　　　　それはいい考えですね.
- ☐ Ce n'est pas grave.　　　　　大したことではありません.
- ☐ Ce n'est pas possible !　　　まさか！　ありえない！
- ☐ Ce n'est pas la peine.　　　　それには及びません.

電話をする（受ける）ときに用いられる表現
- ☐ Qui est à l'appareil ?　　　　どなた様ですか？
- ☐ C'est de la part de qui ?　　どなた様ですか？
- ☐ Ne quittez pas.　　　　　　　そのままお待ちください.
- ☐ Vous vous trompez de numéro.　番号をお間違えですよ.
- ☐ Je peux vous laisser un message ?　一言伝言をお願いしてもいいですか？
- ☐ Je le / la rappellerai plus tard.　彼 / 彼女にまたあとでかけなおします.

買い物をするときやレストランで用いられる表現
- ☐ Vous en voulez combien ?　　いくつご入用ですか？
- ☐ Et avec ça ?　　　　　　　　ほかに何か買いますか？
- ☐ C'est tout.　　　　　　　　　これで全部です.
- ☐ C'est combien ?　　　　　　　おいくらですか？
- ☐ Je vous dois combien ?　　　　おいくらですか？

- ☐ Vous êtes combien ?　　　　　何名様でいらっしゃいますか？
- ☐ Comme boisson, monsieur ?　　飲み物はどうされますか？
- ☐ L'addition, s'il vous plaît.　　お勘定お願いします.

道案内で用いられる表現
- ☐ Continuez tout droit.　　　　まっすぐ進んでください.
- ☐ Tournez à gauche.　　　　　　左折してください.
- ☐ Tournez à droite.　　　　　　右折してください.

命令文やそれに準ずる表現

- [ ] Asseyez-vous. / Assieds-toi. — おかけください．
- [ ] Ayons du courage. — 勇気を出しましょう．
- [ ] Mes amitiés à vos parents. / Mes amitiés à tes parents. — ご両親によろしくお伝えください．
- [ ] Parlez plus fort, s'il vous plaît. / Parle plus fort, s'il te plaît. — もっと大きな声で話してください．
- [ ] Sois sage. — いい子にしていなさい．
- [ ] À table. — ご飯ですよ．
- [ ] Un moment, s'il vous plaît. — 少しお待ちください．

問いかけを表す表現

- [ ] Ça prend combien de temps ? — どのくらい時間がかかりますか？
- [ ] Nous sommes le combien ? — 今日は何月何日ですか？
- [ ] Qu'est-ce qui se passe ? — どうしたの？　何が起こったのですか？
- [ ] Ça s'est bien passé ? — うまくいきましたか？　楽しかったですか？
- [ ] Qu'est-ce que ça veut dire ? — それはどういう意味ですか？
- [ ] Que pensez-vous de… ? / Que penses-tu de… ? — 〜についてどう思いますか？
- [ ] Qu'en pensez-vous ? / Qu'en penses-tu ? — それについてどう思いますか？
- [ ] Quoi de neuf ? — 何か新しいことはありますか？
- [ ] Vous avez / Tu as des nouvelles de… ? — 〜から連絡がありますか？

その他の表現

- [ ] À votre santé ! — （乾杯のとき）ご健康を祝して！
- [ ] Ça fait longtemps que… — 〜してずい分になる．
- [ ] Ça marche bien. — （仕事などが）うまくいっている．
- [ ] Ça me plaît beaucoup. — それがとても気に入っています．
- [ ] Ça m'a beaucoup plu. — それがとても気に入りました．
- [ ] Ça m'est égal. — それはどうでもよい．
- [ ] Ça vous dit de＋不定詞？ / Ça te dit de＋不定詞？ — 〜しませんか？
- [ ] Si＋半過去？ — 〜しませんか？
- [ ] Ça suffit ! — もうたくさんだ！　いい加減にしろ！
- [ ] Comme vous voulez. / Comme tu veux. — お好きなように．
- [ ] Il y a du monde. — 人が大勢います．
- [ ] J'ai bien compris. — よくわかりました．
- [ ] J'ai tout compris. — すべてわかりました．
- [ ] J'ai mal compris. — よくわかりませんでした．
- [ ] Je suis pris(e). — 予定が入っています．
- [ ] Je ne savais pas. — 知りませんでした．
- [ ] Pas de problème. — 問題ありません．
- [ ] Pourquoi pas ? — いいですね．　いいんじゃないですか？
- [ ] Vous êtes le premier / la première. — あなたが1番です．
- [ ] Vous êtes le dernier / la dernière. — あなたが最後です．

【覚えましょう (2)】　動詞の構文

1. 動詞のうしろに不定詞が続く場合

1) 動詞＋不定詞（不定詞の前に前置詞を入れない）

- □ aimer＋不定詞　　　　　　〜することが好きである
- □ préférer＋不定詞　　　　　〜することがより好きである
- □ désirer＋不定詞　　　　　〜することを望む
- □ espérer＋不定詞　　　　　〜することを期待する
- □ souhaiter＋不定詞　　　　〜することを願う
- □ vouloir＋不定詞　　　　　〜することを欲する
- □ compter＋不定詞　　　　　〜するつもりである
- □ pouvoir＋不定詞　　　　　〜することができる（状況的に）
- □ savoir＋不定詞　　　　　〜することができる（能力として）
- □ devoir＋不定詞　　　　　〜しなければならない
- □ falloir (Il faut)＋不定詞　〜しなければならない
- □ oser＋不定詞　　　　　　思い切って〜する

2) 動詞＋前置詞＋不定詞

① 動詞＋**à**＋不定詞

- □ apprendre à＋不定詞　　　〜することを習う
- □ commencer à＋不定詞　　　〜し始める
- □ continuer à＋不定詞　　　〜し続ける
- □ hésiter à＋不定詞　　　　〜することをためらう
- □ réussir à＋不定詞　　　　〜することに成功する

② 動詞＋**à**＋人＋**à**＋不定詞

- □ apprendre à＋人＋à＋不定詞　　（人）に〜することを教える

③ 動詞＋**de**＋不定詞

- □ arrêter de＋不定詞　　　　〜することをやめる
- □ cesser de＋不定詞　　　　〜することをやめる
- □ décider de＋不定詞　　　　〜することを決心する
- □ essayer de＋不定詞　　　　〜しようと努力する
- □ oublier de＋不定詞　　　　〜することを忘れる
- □ rêver de＋不定詞　　　　　〜することを夢見る

④ 動詞＋**à**＋人＋**de**＋不定詞

- □ défendre à＋人＋de＋不定詞　　（人）に〜することを禁止する
- □ interdire à＋人＋de＋不定詞　　（人）に〜することを禁止する
- □ demander à＋人＋de＋不定詞　　（人）に〜することを頼む
- □ permettre à＋人＋de＋不定詞　　（人）に〜することを許可する
- □ proposer à＋人＋de＋不定詞　　（人）に〜することを提案する

⑤ 動詞＋直接目的語＋**de**＋不定詞

- □ empêcher＋人＋de＋不定詞　　（人）が〜することを妨げる

2. 動詞のうしろに名詞が続く場合

1) 動詞＋à＋人／物
- [ ] penser à＋人／物　　　　　　　～について考える
- [ ] réfléchir à＋物　　　　　　　　～のことを熟考する
- [ ] écrire à＋人　　　　　　　　　～に手紙を書く
- [ ] répondre à＋人／物　　　　　　～に答える，～に返事をする
- [ ] téléphoner à＋人　　　　　　　～に電話する
- [ ] frapper à＋物　　　　　　　　　～を打つ，～をたたく
- [ ] parler à＋人　　　　　　　　　～に話す
- [ ] plaire à＋人　　　　　　　　　～の気に入る
- [ ] réussir à＋物　　　　　　　　　～に成功する

2) 動詞＋直接目的語＋à＋人
- [ ] dire＋直接目的語＋à＋人　　　　(人)に～を言う
- [ ] expliquer＋直接目的語＋à＋人　 (人)に～を説明する
- [ ] promettre＋直接目的語＋à＋人　 (人)に～を約束する
- [ ] louer＋直接目的語＋à＋人　　　 (人)に～を賃貸しする，(人)から～を賃借りする
- [ ] emprunter＋直接目的語＋à＋人　 (人)から～を借りる
- [ ] prêter＋直接目的語＋à＋人　　　(人)に～を貸す
- [ ] rendre＋直接目的語＋à＋人　　　(人)に～を返す
- [ ] donner＋直接目的語＋à＋人　　　(人)に～を与える
- [ ] offrir＋直接目的語＋à＋人　　　 (人)に～を贈る
- [ ] préférer A à B　　　　　　　　B よりも A が好きである
- [ ] présenter A à B　　　　　　　 A を B に紹介する
- [ ] voler＋直接目的語＋à＋人　　　 (人)から～を盗む

3) 動詞＋de＋人／物
- [ ] changer de＋人／物〔無冠詞〕　　～を変える
- [ ] dépendre de＋人／物　　　　　　～による，～次第である
- [ ] douter de＋人／物　　　　　　　～を疑う
- [ ] parler de＋人／物　　　　　　　～について話す
- [ ] rêver de＋物　　　　　　　　　～を夢見る

4) 代名動詞
- [ ] s'apercevoir de＋人／物　　　　～に気づく
- [ ] s'intéresser à＋人／物　　　　　～に興味がある
- [ ] se marier avec＋人　　　　　　～と結婚する
- [ ] se moquer de＋人／物　　　　　～を馬鹿にする
- [ ] s'occuper de＋人／物　　　　　～の世話をする
- [ ] se servir de＋物　　　　　　　～を使う
- [ ] se souvenir de＋人／物　　　　～を覚えている，思い出す
- [ ] se tromper de＋物〔無冠詞〕　　～を間違える

語 彙 集

　過去 10 年間に仏検 3 級で出題された問題に出てくる単語を中心に，3 級を受験するにあたって覚えておきたい単語や表現（約 1200 語）をまとめました．単語は abc 順に機械的に覚えるのではなく，1 つ 1 つの単語を関連付けて覚える方が，語彙を増やしていくためにも効果的です．

　そこで本書では，名詞・形容詞・動詞・副詞・熟語などをテーマ別にまとめ，それぞれのテーマの中でも意味の近い語や，いっしょに覚えたい語を近くに配列した，新しいタイプの語彙集を作成しました．月の名前や曜日の名前など，ごく基本的な単語もありますが，筆記試験の第 1 問，そして聞き取り試験の第 1 問では正確なつづり字を書くことが求められますから，単語の意味だけでなく，単語のつづり字もしっかり覚えることが大切です．

　単語の前についているチェック欄（□）も活用しながら，語彙力アップを目指しましょう！

1. 季節・月・曜日・方角・時に関する単語

☐ printemps	男 春		☐ période	女 期間
☐ été	男 夏		☐ siècle	男 世紀
☐ automne	男 秋		☐ saison	女 季節
☐ hiver	男 冬		☐ date	女 日付
			☐ temps	男 時間
☐ janvier	男 1月			
☐ février	男 2月		☐ an	男 年
☐ mars	男 3月		☐ année	女 1年間
☐ avril	男 4月		☐ mois	男 月
☐ mai	男 5月		☐ semaine	女 週
☐ juin	男 6月		☐ week-end	男 週末
☐ juillet	男 7月		☐ jour	男 日
☐ août	男 8月		☐ heure	女 時間
☐ septembre	男 9月		☐ minute	女 分
☐ octobre	男 10月		☐ seconde	女 秒
☐ novembre	男 11月			
☐ décembre	男 12月		☐ jour	男 昼
			☐ nuit	女 夜
☐ lundi	男 月曜日		☐ matin	男 朝, 午前
☐ mardi	男 火曜日		☐ matinée	女 午前中
☐ mercredi	男 水曜日		☐ après-midi	男 午後
☐ jeudi	男 木曜日		☐ soir	男 夕方, 晩
☐ vendredi	男 金曜日		☐ soirée	女 夜の時間
☐ samedi	男 土曜日		☐ journée	女 1日の間
☐ dimanche	男 日曜日		☐ midi	男 正午
			☐ minuit	男 真夜中
☐ nord	男 北			
☐ sud	男 南		☐ aujourd'hui	今日
☐ est	男 東		☐ demain	明日
☐ ouest	男 西		☐ après-demain	明後日
			☐ hier	昨日
☐ époque	女 時代		☐ avant-hier	おととい

2. 時に関する表現

☐ au printemps	春には
☐ en été	夏には
☐ en automne	秋には

- [ ] en hiver　　　　　　　　　　　　　冬には
- [ ] l'été prochain　　　　　　　　　　　次の夏
- [ ] l'hiver dernier　　　　　　　　　　この前の冬

- [ ] en 2010　　　　　　　　　　　　　2010 年に
- [ ] en novembre / au mois de novembre　　11 月に
- [ ] au début de juin / début juin　　　　　6 月上旬に
- [ ] à la fin d'avril / fin avril　　　　　　　4 月下旬に
- [ ] au milieu d'août / à la mi-août　　　　8 月半ばに

- [ ] lundi（冠詞や前置詞をつけずに）　　　月曜日に
- [ ] le mercredi / tous les mercredis / chaque mercredi　毎週水曜日に
- [ ] mardi dernier　　　　　　　　　　この前の火曜日に
- [ ] vendredi prochain　　　　　　　　今度の金曜日に
- [ ] jeudi matin / jeudi après-midi / jeudi soir　木曜の朝／午後／晩に
- [ ] À lundi !　　　　　　　　　　　　（挨拶で）また月曜日に！

- [ ] le premier janvier　　　　　　　　1 月 1 日
- [ ] le samedi 25 décembre　　　　　　12 月 25 日土曜日

- [ ] ce matin / cet après-midi / ce soir　　今日の朝／午後／晩
- [ ] demain matin / demain après-midi / demain soir　明日の朝／午後／晩
- [ ] hier matin / hier après-midi / hier soir　昨日の朝／午後／晩
- [ ] un matin　　　　　　　　　　　　ある朝
- [ ] samedi soir　　　　　　　　　　　土曜日の晩

- [ ] cette semaine / ce mois(-ci) / cette année　今週／今月／今年
- [ ] la semaine prochaine / le mois prochain　来週／来月
  / l'année prochaine　　　　　　　　　／来年
- [ ] la semaine dernière / le mois dernier　先週／先月
  / l'année dernière　　　　　　　　　／去年
- [ ] trois fois par semaine　　　　　　　週に 3 回
- [ ] en semaine　　　　　　　　　　　平日に

3.　都市・道路・建物・施設・店に関する名詞

- [ ] pays　　　　男 国；地方　　　　- [ ] centre-ville　　男 中心街
- [ ] région　　　女 地方　　　　　　- [ ] village　　　　男 村
- [ ] ville　　　　女 都市，町

☐ chemin	男 道		☐ hôtel	男 ホテル
☐ route	女 道路		☐ piscine	女 プール
☐ rue	女 通り		☐ bureau	男 会社
☐ boulevard	男 大通り		☐ usine	女 工場
☐ avenue	女 並木道			
☐ quartier	男 地区, 界隈		☐ café	男 喫茶店
☐ carrefour	男 交差点		☐ restaurant	男 レストラン
			☐ boulangerie	女 パン屋
☐ feu	男 信号		☐ pâtisserie	女 ケーキ屋
☐ place	女 広場		☐ boucherie	女 肉屋
☐ pont	男 橋		☐ épicerie	女 食料品店
☐ quai	男 河岸		☐ pharmacie	女 薬局
☐ jardin	男 庭園		☐ librairie	女 本屋
☐ parc	男 公園		☐ boutique	女 店（小規模な）
☐ banc	男 ベンチ		☐ magasin	男 店, 商店
			☐ grand magasin	男 デパート
☐ banque	女 銀行		☐ marché	男 市場
☐ poste	女 郵便局		☐ supermarché	男 スーパー
☐ bibliothèque	女 図書館		☐ garage	男 自動車修理工場
☐ église	女 教会			
☐ hôpital	男 病院		☐ appartement	男 マンション
☐ musée	男 美術館		☐ bâtiment	男 建物
☐ théâtre	男 劇場		☐ immeuble	男 ビル
☐ cinéma	男 映画館		☐ maison	女 家
☐ monument	男 歴史的建造物		☐ entrée	女 入口
☐ château	男 城		☐ sortie	女 出口

4. 住まい・家具・日常よく使うものに関する名詞

☐ pièce	女 部屋		☐ savon	男 石鹸
☐ chambre	女 寝室；部屋		☐ couloir	男 廊下
☐ salle à manger	女 食堂		☐ entrée	女 玄関
☐ salon	男 居間		☐ clé, clef	女 鍵
☐ salle	女 室；会場		☐ cave	女 地下室
☐ cuisine	女 キッチン		☐ jardin	男 庭
☐ réfrigérateur	男 冷蔵庫			
☐ frigo（多く会話で）	男 冷蔵庫		☐ porte	女 ドア
☐ salle de bain(s)	女 浴室		☐ fenêtre	女 窓
☐ douche	女 シャワー		☐ mur	男 壁

□ étage	男 階	□ ciseaux（複数で）	男 はさみ
□ escalier	男 階段	□ livre	男 本
□ ascenseur	男 エレベーター	□ revue	女 雑誌
		□ journal	男 新聞
□ meuble	男 家具	□ article	男 記事
□ table	女 テーブル	□ dictionnaire	男 辞書
□ chaise	女 椅子	□ plan	男 地図（市街地の）
□ bureau	男 書斎；デスク	□ carte	女 地図（国や地方の）；カード
□ lit	男 ベッド		
□ glace	女 鏡	□ cadeau	男 プレゼント
□ tableau	男 絵画	□ jeu	男 ゲーム
□ téléphone	男 電話	□ jeu vidéo	男 テレビゲーム
□ télévision (télé)	女 テレビ	□ balle	女 ボール
□ ordinateur	男 コンピューター	□ bâton	男 棒
□ disque	男 ディスク	□ papier	男 紙
□ appareil(-)photo	男 カメラ	□ lettre	女 手紙
□ photo	女 写真	□ enveloppe	女 封筒
□ chauffage	男 暖房	□ timbre	男 切手
□ lampe	女 電灯	□ paquet	男 小包
□ machine	女 機械	□ boîte	女 箱
		□ caisse	女 箱, ケース
□ crayon	男 鉛筆	□ médicament	男 薬
□ stylo	男 ペン	□ cigarette	女 煙草

5. 家族・職業・対人関係に関する名詞

□ homme	男 人間；男性	□ enfant	男女 子ども
□ femme	女 女性	□ bébé	男 赤ん坊
□ garçon	男 男の子	□ frère	男 兄弟
□ fille	女 女の子	□ sœur	女 姉妹
□ gens（複数で）	男 人々	□ fils	男 息子
□ personne	女 人, 人間	□ fille	女 娘
		□ mari	男 夫
□ famille	女 家族	□ femme	女 妻
□ père	男 父	□ oncle	男 おじ
□ mère	女 母	□ tante	女 おば
□ parents（複数で）	男 両親	□ cousin(e)	男(女) いとこ
□ grand-père	男 祖父	□ neveu	男 甥
□ grand-mère	女 祖母	□ nièce	女 姪
□ grands-parents（複数で）	男 祖父母		

☐ cuisinier(ère)	男女 料理人	☐ journaliste	男女 ジャーナリスト
☐ pâtissier(ère)	男女 パティシエ	☐ professeur	男 先生
☐ pêcheur(se)	男女 漁師	☐ médecin	男 医者
☐ coiffeur(se)	男女 美容師	☐ malade	男女 病人
☐ vendeur(se)	男女 販売員	☐ agent (de police)	男 警察官
☐ client(e)	男女 客	☐ employé(e)	男女 会社員
☐ acteur(trice)	男女 俳優，役者	☐ président(e)	男女 大統領；社長
☐ chanteur(se)	男女 歌手	☐ patron(ne)	男女 経営者
☐ musicien(ne)	男女 ミュージシャン	☐ directeur(trice)	男女 部長，長
☐ public	男 観衆	☐ chef	男 チーフ
☐ interprète	男女 通訳	☐ collègue	男女 同僚
☐ traducteur(trice)	男女 翻訳家	☐ membre	男 メンバー
☐ guide	男女 ガイド		
☐ touriste	男女 観光客	☐ ami(e)	男女 友達
☐ voyageur(se)	男女 旅行者	☐ copain(copine)	男女 友達
☐ passant(e)	男女 通行人	☐ camarade	男女 仲間
☐ écrivain	男 作家	☐ voisin(e)	男女 隣人
☐ auteur	男 作者	☐ invité(e)	男女 招待客
☐ lecteur(trice)	男女 読者	☐ étranger(ère)	男女 外国人

6. 食事・食べ物・飲み物・食器に関する名詞

☐ cuisine	女 料理（総称として）	☐ beurre	男 バター
☐ plat	男 料理（一皿ずつの）	☐ confiture	女 ジャム
☐ repas	男 食事	☐ pâte	女 生地（小麦粉の）
☐ petit déjeuner	男 朝食	☐ pâtes（複数で）	女 パスタ
☐ déjeuner	男 昼食	☐ pizza	女 ピザ
☐ dîner	男 夕食	☐ légumes（複数で）	男 野菜
☐ dessert	男 デザート	☐ tomate	女 トマト
☐ carte	女 メニュー	☐ haricot	男 いんげん豆
☐ menu	男 定食	☐ pomme de terre	女 じゃがいも
		☐ salade	女 サラダ
☐ aliment	男 食べ物	☐ soupe	女 スープ
☐ viande	女 肉	☐ fruit	男 果物
☐ porc	男 豚肉	☐ pomme	女 りんご
☐ poulet	男 鶏肉	☐ fromage	男 チーズ
☐ poisson	男 魚	☐ crème fraîche	女 生クリーム
☐ œuf	男 卵	☐ gâteau	男 ケーキ
		☐ tarte	女 タルト
☐ pain	男 パン	☐ chocolat	男 チョコレート；ココア

- ☐ boisson 囡 飲み物
- ☐ eau 囡 水
- ☐ café 男 コーヒー
- ☐ lait 男 牛乳
- ☐ thé 男 紅茶
- ☐ jus d'orange 男 オレンジジュース
- ☐ vin 男 ワイン

- ☐ huile 囡 油
- ☐ sel 男 塩

- ☐ sucre 男 砂糖
- ☐ assiette 囡 皿
- ☐ bouteille 囡 びん
- ☐ couteau 男 ナイフ
- ☐ cuiller 囡 スプーン
- ☐ fourchette 囡 フォーク
- ☐ tasse 囡 カップ
- ☐ verre 男 コップ, グラス

7. 身体の部位を表す名詞

- ☐ corps 男 身体
- ☐ tête 囡 頭
- ☐ cheveu 男 髪
- ☐ visage 男 顔
- ☐ œil (yeux) 男 目
- ☐ oreille 囡 耳
- ☐ nez 男 鼻
- ☐ bouche 囡 口
- ☐ dent 囡 歯
- ☐ cou 男 首
- ☐ gorge 囡 喉
- ☐ épaule 囡 肩

- ☐ poitrine 囡 胸
- ☐ ventre 男 腹
- ☐ reins (複数で) 男 腰
- ☐ dos 男 背中
- ☐ bras 男 腕
- ☐ coude 男 ひじ
- ☐ main 囡 手
- ☐ doigt 男 指
- ☐ pied 男 足
- ☐ jambe 囡 脚
- ☐ genou 男 ひざ

8. 衣類・装身具に関する名詞

- ☐ vêtement 男 洋服
- ☐ costume 男 男性用スーツ
- ☐ chemise 囡 ワイシャツ
- ☐ veste 囡 ジャケット
- ☐ manteau 男 コート
- ☐ pantalon 男 ズボン
- ☐ robe 囡 ワンピース
- ☐ jupe 囡 スカート
- ☐ pull 男 セーター
- ☐ pyjama 男 パジャマ
- ☐ chaussettes (複数で) 囡 靴下
- ☐ chaussures (複数で) 囡 靴

- ☐ maillot de bain 男 水着
- ☐ chapeau 男 帽子
- ☐ cravate 囡 ネクタイ
- ☐ ceinture 囡 ベルト
- ☐ montre 囡 腕時計
- ☐ parapluie 男 傘
- ☐ sac 男 バッグ
- ☐ lunettes (複数で) 囡 眼鏡
- ☐ bijou 男 宝石；アクセサリー
- ☐ gants (複数で) 男 手袋
- ☐ bouton 男 ボタン
- ☐ poche 囡 ポケット

9. 乗り物に関する名詞

☐ avion	男 飛行機	☐ carnet	男 回数券
☐ aéroport	男 飛行場	☐ guichet	男 窓口
☐ bateau	男 船	☐ place	女 席，座席
☐ port	男 港	☐ quai	男 プラットホーム
☐ chemin de fer	男 鉄道	☐ service	男 便（交通の）
☐ train	男 列車	☐ autobus(bus)	男 バス
☐ métro	男 地下鉄	☐ autocar	男 長距離バス
☐ gare	女 駅（鉄道の）	☐ arrêt d'autobus	男 バス停
☐ station	女 駅（地下鉄の）	☐ taxi	男 タクシー
☐ tramway(tram)	男 路面電車	☐ station de taxi	女 タクシー乗り場
☐ aller	男 片道切符		
☐ aller et retour	男 往復切符	☐ vélo	男 自転車
☐ billet	男 切符（飛行機，列車の）	☐ voiture	女 車
		☐ permis de conduire	男 運転免許証
☐ ticket	男 切符（地下鉄の）		

10. 人生・社会生活・仕事に関する名詞

☐ vie	女 人生；生活	☐ loyer	男 家賃
☐ enfance	女 子ども時代	☐ prix	男 価格
☐ mariage	男 結婚	☐ somme	女 金額；合計
☐ mort	女 死去	☐ vente	女 販売
		☐ enquête	女 調査
☐ nom	男 名前（姓）	☐ fête	女 祭り；パーティー
☐ prénom	男 名前（名）	☐ habitude	女 習慣
☐ adresse	女 住所	☐ relation	女 関係
☐ numéro de téléphone	男 電話番号	☐ rendez-vous	男 会う約束
☐ âge	男 年齢	☐ réponse	女 答え
		☐ idée	女 考え，アイデア
☐ affaires（複数で）	女 商売，ビジネス	☐ projet	男 計画
☐ travail	男 仕事	☐ invention	女 発明
☐ emploi	男 職	☐ décision	女 決心
☐ profession	女 職業	☐ rêve	男 夢
☐ compagnie	女 会社	☐ succès	男 成功
☐ société	女 社会；会社	☐ effort	男 努力
☐ réunion	女 会議	☐ danger	男 危険
		☐ erreur	女 間違い
☐ argent	男 お金	☐ problème	男 問題

☐ cause	囡	原因		☐ accident	男	事故
☐ vérité	囡	真実				
☐ secret	男	秘密		☐ paix	囡	平和
				☐ guerre	囡	戦争
☐ maladie	囡	病気				

11. 学校・学科に関する名詞

☐ école	囡	小学校		☐ devoirs (複数で)	男	宿題
☐ collège	男	中学校		☐ étude	囡	勉強
☐ lycée	男	高校		☐ exercice	男	練習
☐ université	囡	大学		☐ question	囡	質問；問題
☐ élève	男囡	生徒		☐ note	囡	成績
☐ écolier(ère)	男(女)	小学生		☐ rapport	男	レポート
☐ collégien(ne)	男(女)	中学生				
☐ lycéen(ne)	男(女)	高校生		☐ français	男	フランス語
☐ étudiant(e)	男(女)	学生		☐ langue	囡	言語
☐ maître(maîtresse)	男(女)	先生(小学校)		☐ mathématiques (複数で)	囡	数学
☐ professeur	男	教師(中・高・大学)		☐ science	囡	科学
				☐ histoire	囡	歴史
☐ classe	囡	クラス；授業		☐ géographie	囡	地理
☐ cours	男	講義，授業		☐ littérature	囡	文学
☐ leçon	囡	授業，レッスン		☐ philosophie	囡	哲学
☐ club	男	クラブ		☐ droit	男	法学
☐ concours	男	選抜試験		☐ économie politique	囡	経済学
☐ examen	男	試験		☐ informatique	囡	情報科学

12. スポーツ・芸術・余暇・旅行に関する名詞

☐ sport	男	スポーツ		☐ classique	男	クラシック音楽
☐ football (foot)	男	サッカー		☐ jazz	男	ジャズ
☐ tennis	男	テニス		☐ instrument	男	楽器
☐ ski	男	スキー		☐ piano	男	ピアノ
☐ natation	囡	水泳		☐ violon	男	ヴァイオリン
☐ jogging	男	ジョギング		☐ guitare	囡	ギター
☐ match	男	試合		☐ chanson	囡	歌
				☐ opéra	男	オペラ
☐ chasse	囡	狩猟		☐ concert	男	コンサート
☐ promenade	囡	散歩		☐ art	男	芸術，美術
☐ musique	囡	音楽		☐ peinture	囡	絵画 (総称として)

☐ tableau	男 絵（一枚一枚の）	☐ vacances（複数で）	女 ヴァカンス
☐ dessin	男 デッサン	☐ voyage	男 旅行
☐ exposition	女 展覧会	☐ départ	男 出発
☐ comédie	女 喜劇，芝居	☐ tourisme	男 観光
☐ cinéma	男 映画（総称として）	☐ étranger	男 外国
☐ film	男 映画（一本一本の）	☐ passeport	男 パスポート
☐ lecture	女 読書	☐ bagage	男 荷物
☐ roman	男 小説	☐ valise	女 スーツケース
☐ poème	男 詩		

13. 自然の事物・自然現象・動植物に関する名詞

☐ nature	女 自然	☐ nuage	男 雲
☐ paysage	男 風景，景色	☐ pluie	女 雨
☐ ciel	男 空	☐ orage	男 雷雨
☐ air	男 空気	☐ tempête	女 嵐
☐ lumière	女 光；明かり	☐ neige	女 雪
☐ soleil	男 太陽	☐ vent	男 風
☐ lune	女 月	☐ brouillard	男 霧
☐ étoile	女 星	☐ tremblement de terre	男 地震
☐ terre	女 大地；土地；地球		
☐ campagne	女 田舎	☐ arbre	男 木
☐ montagne	女 山	☐ feuille	女 葉
☐ forêt	女 森	☐ fleur	女 花
☐ bois	男 森；木	☐ rose	女 バラ
☐ mer	女 海	☐ champ	男 畑
☐ plage	女 海岸		
☐ lac	男 湖	☐ animal	男 動物
☐ fleuve	男 大河	☐ chien	男 犬
☐ rivière	女 川	☐ chat	男 猫
☐ rocher	男 岩	☐ cheval	男 馬
☐ pierre	女 石	☐ poule	女 めんどり

14. 感情を表す名詞

☐ plaisir	男 喜び	☐ peine	女 苦痛；苦労
☐ tristesse	女 悲しみ	☐ douleur	女 苦しみ
☐ confiance	女 信頼	☐ courage	男 勇気
☐ doute	男 疑い	☐ cri	男 叫び
☐ ennuis（主に複数で）	男 心配事	☐ pleurs（主に複数で）	男 涙

15. その他の名詞

☐ fois	囡 〜回，〜度	☐ type	男 タイプ，型
☐ nombre	男 数	☐ sorte	囡 種類
☐ mot	男 言葉	☐ ouverture	囡 開店
☐ sens	男 意味	☐ tour	男 一周；順番
☐ ligne	囡 行	☐ partie	囡 部分
☐ titre	男 題名；肩書き	☐ morceau	男 一切れ，一片
☐ histoire	囡 話	☐ fin	囡 終わり
☐ espace	男 空間	☐ différence	囡 違い
☐ endroit	男 場所	☐ bruit	男 物音
☐ place	囡 場所	☐ voix	囡 声
☐ couleur	囡 色	☐ vue	囡 視線；眺め

16. 対で覚えるとよい形容詞

☐ grand(*e*)	大きい	⇔	☐ petit(*e*)	小さい
☐ long(*ue*)	長い	⇔	☐ court(*e*)	短い
☐ bon(*ne*)	良い	⇔	☐ mauvais(*e*)	悪い
☐ fort(*e*)	強い	⇔	☐ faible	弱い
☐ chaud(*e*)	暑い	⇔	☐ froid(*e*)	寒い
☐ propre	清潔な	⇔	☐ sale	汚い
☐ difficile	難しい	⇔	☐ facile	簡単な
☐ compliqué(*e*)	複雑な	⇔	☐ simple	単純な，簡単な
☐ ouvert(*e*)	開いた	⇔	☐ fermé(*e*)	閉まった
☐ riche	裕福な	⇔	☐ pauvre	貧しい
☐ gentil(*le*)	親切な	⇔	☐ méchant(*e*)	意味悪な
☐ libre	暇な	⇔	☐ occupé(*e*)	忙しい

17. 外見・性格・感情・状態を表す形容詞

☐ beau (*belle*)	美しい	☐ timide	臆病な
☐ joli(*e*)	きれいな	☐ content(*e*)	満足している
☐ élégant(*e*)	上品な	☐ heureu*x*(*se*)	幸せな
☐ gros(*se*)	太った	☐ inqui*et*(*ète*)	心配している
☐ bavard(*e*)	おしゃべりな	☐ triste	悲しい
☐ raisonnable	分別のある	☐ assis(*e*)	座っている
☐ sérieu*x*(*se*)	真面目な	☐ fatigué(*e*)	疲れた
☐ sympathique	感じがいい	☐ malade	病気の
☐ paresseu*x*(*se*)	怠惰な	☐ pressé(*e*)	急いでいる

18. 色を表す形容詞

☐ blanc (*blanche*)	白い	☐ noir(*e*)	黒い
☐ bleu(*e*)	青い	☐ rouge	赤い
☐ jaune	黄色の	☐ vert(*e*)	緑の

19. その他の形容詞

☐ âgé(*e*)	年をとった	☐ rapide	速い
☐ vieux (*vieille*)	年をとった，古い	☐ international(*e*)	国際的な
☐ ancien(*ne*)	昔の，古い	☐ célèbre	有名な
☐ jeune	若い	☐ historique	歴史的な
☐ nouveau (*nouvelle*)	新しい	☐ proche	近くの
☐ premi*er*(*ère*)	最初の	☐ voisin(*e*)	近所の
☐ prochain(*e*)	次の	☐ sauvage	野生の
☐ derni*er*(*ère*)	最後の，この前の		
		☐ étonnant(*e*)	驚くべき
☐ seul(*e*)	唯一の	☐ incroyable	信じられない
☐ unique	唯一の	☐ intéressant(*e*)	興味深い
☐ nombreu*x*(*se*)	多くの	☐ amusant(*e*)	面白い
☐ demi(*e*)	半分の	☐ bizarre	変な，奇妙な
		☐ parfait(*e*)	完璧な
☐ agréable	快適な	☐ magnifique	素晴らしい
☐ clair(*e*)	明るい	☐ splendide	華麗な，素晴らしい
☐ solide	丈夫な	☐ spécial(*e*)	特別の
☐ dur(*e*)	固い，辛い	☐ vrai(*e*)	本当の
☐ utile	有用な	☐ exact(*e*)	正確な
☐ ch*er*(*ère*)	高価な，大切な	☐ important(*e*)	重要な
☐ précieu*x*(*se*)	貴重な	☐ différent(*e*)	異なる
☐ tranquille	静かな	☐ terrible	ひどい

20. 対で覚えるとよい動詞

☐ aller	行く	⇔	☐ venir	来る
☐ arriver	到着する	⇔	☐ partir	出発する
☐ entrer	入る	⇔	☐ sortir	出る
☐ monter	登る	⇔	☐ descendre	降りる
☐ accepter	受け入れる	⇔	☐ refuser	拒否する
☐ avancer	進む	⇔	☐ reculer	後退する
☐ ouvrir	開ける	⇔	☐ fermer	閉める

☐ vendre	売る	⇔	☐ acheter	買う	
☐ commencer	始める	⇔	☐ finir	終える	
☐ continuer	続ける	⇔	☐ arrêter	止める；やめる	
☐ chercher	探す	⇔	☐ trouver	見つける	
☐ montrer	見せる	⇔	☐ cacher	隠す	
☐ demander	たずねる	⇔	☐ répondre	答える	
☐ envoyer	送る	⇔	☐ recevoir	受け取る	
☐ économiser	節約する	⇔	☐ dépenser	（金を）使う	
☐ gagner	得る；勝つ	⇔	☐ perdre	失う；負ける	
☐ réussir	成功する	⇔	☐ échouer	失敗する	
☐ apparaître	現れる	⇔	☐ disparaître	消える	
☐ construire	建設する	⇔	☐ détruire	破壊する	
☐ naître	生まれる	⇔	☐ mourir	死ぬ	
☐ prêter	貸す	⇔	☐ emprunter	借りる	
☐ louer	賃貸しする；賃借りする				
☐ rendre	返す				

☐ mettre	置く		☐ remettre	再び置く，戻す
☐ partir	出発する		☐ repartir	再び出発する
☐ prendre	取る		☐ reprendre	再び取る，取り戻す
☐ tirer	引く		☐ retirer	引き出す，取り出す
☐ trouver	見つける		☐ retrouver	再び見つける
☐ venir	来る		☐ revenir	戻ってくる；再び来る

21. 衣食住に関する動詞

☐ mettre	身につける；置く		☐ dîner	夕食を食べる
☐ porter	身につけている；運ぶ		☐ goûter	味見する
☐ prendre	飲食する；取る；乗る		☐ servir	給仕する
☐ boire	飲む		☐ habiter	住む
☐ manger	食べる		☐ exister	存在する
☐ déjeuner	朝食／昼食を食べる		☐ vivre	生きる

22. 感情・喜怒哀楽・感覚を表す動詞

☐ aimer	好きである		☐ craindre	恐れる
☐ admirer	賞賛する		☐ douter	疑う
☐ adorer	大好きである		☐ regretter	後悔する；残念に思う
☐ préférer	より好きである		☐ hésiter	ためらう
☐ respecter	尊敬する			

☐ désirer	望む		☐ rire	笑う
☐ espérer	期待する，希望する		☐ sourire	微笑む
☐ souhaiter	望む，願う		☐ écouter	聞く
☐ vouloir	望む		☐ entendre	聞こえる
☐ prier	祈る		☐ regarder	見る
☐ crier	叫ぶ		☐ voir	見える
☐ pleurer	泣く		☐ sentir	感じる

23. 「言う・話す・伝える」を表す動詞

☐ dire	言う		☐ discuter	議論する
☐ parler	話す		☐ expliquer	説明する
☐ annoncer	知らせる		☐ exprimer	表現する
☐ assurer	断言する；保証する		☐ indiquer	指し示す
☐ raconter	語る		☐ présenter	紹介する
☐ conseiller	勧める，アドバイスする		☐ promettre	約束する
☐ recommander	勧める，推薦する		☐ répéter	繰り返す
☐ commander	命じる；注文する		☐ saluer	挨拶する

24. 考え・判断を表す動詞

☐ penser	考える		☐ défendre	禁止する；守る
☐ croire	思う，信じる		☐ interdire	禁止する
☐ réfléchir	熟考する		☐ déranger	邪魔する
☐ choisir	選ぶ		☐ empêcher	妨げる
☐ décider	決める		☐ éviter	避ける
☐ comprendre	理解する		☐ excuser	許す
☐ examiner	検討する		☐ permettre	許可する

25. 日常的な活動（勉強・仕事・趣味・旅行・買い物・家事など）を表す動詞

☐ étudier	勉強する		☐ traduire	翻訳する
☐ travailler	働く；勉強する		☐ publier	出版する
☐ apprendre	学ぶ			
☐ enseigner	教える		☐ chanter	歌う
			☐ danser	踊る
☐ compter	数える		☐ dormir	眠る
☐ écrire	書く		☐ fumer	タバコをすう
☐ lire	読む		☐ jouer	遊ぶ

□ nager	泳ぐ	□ garder	世話をする；保存する
□ téléphoner	電話する	□ soigner	世話をする；治療する
□ conduire	運転する	□ attendre	待つ
□ rouler	運転する	□ inviter	招待する
□ réserver	予約する	□ nettoyer	掃除する
□ visiter	訪れる	□ ranger	整理する，片付ける
□ voyager	旅行する	□ préparer	準備する
		□ réparer	修理する
□ cultiver	耕す；栽培する	□ essayer	試す；試着する
□ élever	上げる；育てる	□ payer	支払う

26. 動作を表す動詞

□ bouger	動く	□ emmener	連れていく
□ courir	走る	□ porter	運ぶ
□ marcher	歩く	□ apporter	持ってくる
□ passer	通る, 立ち寄る；過ごす	□ emporter	持っていく
□ tomber	転ぶ；落ちる		
□ tourner	曲がる	□ attraper	つかむ；つかまえる
□ traverser	渡る，横切る	□ serrer	握る；締める
		□ tenir	持つ；保つ
□ rentrer	帰宅する，戻る	□ couvrir	覆う
□ revenir	帰る, 戻る	□ frapper	打つ, たたく
□ retourner	戻る	□ poser	置く
		□ pousser	押す
□ mener	運ぶ；連れていく	□ toucher	触る
□ amener	連れてくる		

27. 状態を表す動詞

□ rester	とどまる	□ sembler	〜のように思われる
□ devenir	〜になる	□ mesurer	〜の長さ (身長) がある
□ paraître	〜のように見える	□ peser	〜の重さ (体重) がある

28. 意味が似ている動詞・その他の動詞

□ abandonner	捨てる；放棄する	□ accompagner	同伴する
□ quitter	離れる；別れる	□ suivre	後についていく
□ séparer	分離する；引き離す		
		□ connaître	知っている (人, 場所)
		□ savoir	知っている

☐ donner	与える		☐ créer	創造する
☐ offrir	贈る		☐ découvrir	発見する
			☐ distinguer	見分ける
☐ finir	終える；終わる		☐ manquer	乗り遅れる；足りない；いなくてさびしい
☐ terminer	終える			
			☐ rater	乗り遅れる；失敗する
☐ laisser	置き忘れる		☐ obtenir	獲得する
☐ oublier	忘れる		☐ remplir	満たす；記入する
			☐ utiliser	使う，利用する
☐ étonner	驚かせる		☐ tuer	殺す
☐ surprendre	驚かせる		☐ voler	盗む
☐ aider	助ける		☐ pleuvoir	雨が降る
☐ contenir	含む		☐ neiger	雪が降る
☐ convenir	〜に都合がよい			

29. 代名動詞（もとの動詞と対で覚えるとよいもの）

☐ allumer	火をつける	—	☐ s'allumer	火がつく
☐ amuser	楽しませる	—	☐ s'amuser	楽しむ
☐ appeler	呼ぶ	—	☐ s'appeler	〜という名前である
☐ arrêter	止める；やめる	—	☐ s'arrêter	止まる
☐ battre	打つ	—	☐ se battre	戦う，争う
☐ blesser	傷を負わせる	—	☐ se blesser	怪我をする
☐ casser	壊す，割る	—	☐ se casser	骨折する
☐ coucher	寝かせる	—	☐ se coucher	寝る
☐ demander	たずねる	—	☐ se demander	自問する
☐ intéresser	関心を持たせる	—	☐ s'intéresser	関心を持つ
☐ laver	洗う	—	☐ se laver	自分（の〜）を洗う
☐ lever	起こす；上げる	—	☐ se lever	起きる；立ち上がる
☐ promener	散歩させる	—	☐ se promener	散歩する
☐ rappeler	思い出させる	—	☐ se rappeler	思い出す
☐ réveiller	目覚めさせる	—	☐ se réveiller	目覚める
☐ connaître	知っている	—	☐ se connaître	知り合う
☐ rencontrer	出会う	—	☐ se rencontrer	（互いに）出会う
☐ fermer	閉める	—	☐ se fermer	閉まる
☐ ouvrir	開く，あける	—	☐ s'ouvrir	開かれる，あく
☐ vendre	売る	—	☐ se vendre	売れる，売られる

30. その他の代名動詞 (前置詞を伴う代名動詞は p. 213 を参照のこと．)

☐ s'asseoir	座る	☐ se passer	(出来事が) 起こる
☐ se baigner	水浴びをする，泳ぐ	☐ se perdre	道に迷う
☐ se dépêcher	急ぐ	☐ se reposer	休む
☐ s'enfermer	閉じこもる	☐ se taire	黙る
☐ s'habiller	服を着る	☐ se trouver	ある，いる
☐ s'inquiéter	心配する		

31. よく使われる副詞

☐ avant	以前に	☐ finalement	結局
☐ après	あとで	☐ ainsi	こんな風に
☐ actuellement	現在は，今は	☐ alors	それで；それでは
☐ maintenant	今は	☐ juste	正確に，ちょうど
☐ autrefois	以前は，昔は	☐ justement	まさに
☐ bientôt	やがて，まもなく	☐ simplement	単に
☐ longtemps	長いあいだ	☐ seulement	ただ〜だけ
☐ parfois	時おり	☐ tant	そんなに
☐ quelquefois	時には	☐ tellement	そんなに
☐ souvent	しばしば		
☐ toujours	いつも	☐ bien	よく，上手に
☐ rarement	めったに〜ない	☐ mal	悪く，下手に
☐ déjà	もう，すでに	☐ droit	まっすぐに
☐ encore	まだ	☐ debout	立って
		☐ ensemble	いっしょに
☐ tôt	早く	☐ volontiers	よろこんで，心から
☐ tard	遅く		
☐ rapidement	急いで，すばやく	☐ aussi	〜もまた
☐ vite	速く	☐ environ	およそ，約
☐ lentement	ゆっくりと	☐ peut-être	多分，おそらく
		☐ plutôt	むしろ
☐ ici	ここに，ここで	☐ pourtant	しかし，それでも
☐ là	そこに	☐ surtout	とりわけ
☐ là-bas	あそこに，あそこで	☐ très	非常に
☐ loin	遠くに		
		☐ légèrement	軽く
☐ d'abord	まず	☐ régulièrement	規則的に
☐ ensuite	次に	☐ vraiment	本当に
☐ enfin	最後に		

32. 動詞を含む熟語

- ☐ avoir faim / soif / sommeil　　おなかがすいている / のどが渇いている / 眠い
- ☐ avoir froid / chaud　　寒い / 暑い
- ☐ avoir raison / tort　　正しい / 間違っている
- ☐ avoir besoin de…　　〜が必要である
- ☐ avoir envie de…　　〜を欲している
- ☐ avoir peur de…　　〜を恐れている
- ☐ avoir confiance en…　　〜を信頼している
- ☐ avoir lieu　　行なわれる；起こる
- ☐ avoir mal à la tête / au ventre　　頭が痛い / おなかが痛い
- ☐ avoir de la fièvre　　熱がある
- ☐ avoir de la chance　　ついている
- ☐ avoir l'air＋形容詞　　〜のようである，〜のように見える
- ☐ avoir l'intention de＋不定詞　　〜するつもりである

- ☐ être fier(ère) de…　　〜を誇らしく思っている
- ☐ être fort(e) / faible en＋学科　　〜が得意 / 苦手である
- ☐ être obligé(e) de＋不定詞　　〜しなければならない
- ☐ être à＋人　　〜のものである
- ☐ être d'accord (avec…)　　（〜に）賛成である
- ☐ être en bonne santé　　健康である
- ☐ être en colère (contre…)　　（〜に）腹をたてている
- ☐ être en train de＋不定詞　　〜している最中である
- ☐ être sur le point de＋不定詞　　まさに〜しようとしている

- ☐ aimer mieux…　　〜の方が好きである
- ☐ aller chercher＋人　　〜を迎えに行く
- ☐ appuyer sur＋物　　〜を押す
- ☐ donner sur＋場所　　〜に面している
- ☐ faire erreur　　間違える
- ☐ faire plaisir à＋人　　〜をよろこばせる
- ☐ finir par＋名詞 / 不定詞　　ついに〜する
- ☐ laisser tomber…　　〜を落とす
- ☐ passer par…　　〜を通る
- ☐ se rendre compte de＋名詞　　〜に気づく

- ☐ Il manque＋名詞　　〜が不足している
- ☐ Il s'agit de＋名詞 / 不定詞　　〜が問題になっている
- ☐ Il suffit de＋名詞 / 不定詞　　〜で十分である

- ☐ Il vaut mieux＋不定詞　　　～するほうがよい
- ☐ Il est interdit de＋不定詞　　～は禁止されている
- ☐ Il est temps de＋不定詞　　今や～すべき時である

33. 場所を表す前置詞句

☐ à droite de…	～の右に	☐ autour de…	～に周りに
☐ à gauche de…	～の左に	☐ de… à…	～から～まで（空間・時間）
☐ à côté de…	～のとなりに	☐ en haut de…	～の上に
☐ près de…	～の近くに	☐ en bas de…	～の下に
☐ loin de…	～から遠くに	☐ en face de…	～の向かいに
☐ au bord de…	～のほとりに	☐ hors de…	～の外に
☐ au milieu de…	～の真ん中に，～の最中に（空間・時間）	☐ le long de…	～に沿って
		☐ au fond de…	～の奥（底）に

34. 時を表す熟語

☐ à la fois	同時に	☐ pour le moment	今のところ
☐ en même temps	同時に	☐ pour l'instant	今のところ
☐ à présent	今では	☐ sans cesse	絶えず
☐ de bonne heure	朝早く	☐ tout à coup	突然
☐ de temps en temps	ときどき	☐ tout à l'heure	先ほど，後ほど
☐ le plus vite possible	できるだけ早く	☐ tout de suite	すぐに

35. その他の熟語

☐ si＋形容詞／副詞 que	とても～なので～だ	☐ au moins	少なくとも
☐ assez (de)… pour＋不定詞	～するのに十分に～だ	☐ au contraire	これに反して
		☐ d'ailleurs	その上
☐ trop (de)… pour＋不定詞	～するにはあまりに～だ	☐ de plus	その上
		☐ à cause de…	～のせいで
		☐ grâce à…	～のおかげで
		☐ en effet	確かに，実際
☐ à peu près	ほとんど，およそ	☐ en général	一般的に
☐ peu à peu	少しずつ	☐ en particulier	特に
☐ de plus en plus	ますます	☐ par exemple	例えば
☐ la plupart de…	～の大部分	☐ quand même	それでも
		☐ sans doute	おそらく
☐ au début	始めに，始めは	☐ sans faute	必ず，間違いなく
☐ avant tout	何よりもまず	☐ tout à fait	まったく

☐ à bord	(船, 飛行機, 車)に	☐ bon marché	安い
☐ à pied	徒歩で	☐ de nouveau	再び
☐ en plein(*e*)+名詞	〜のただ中（真ん中）で	☐ par cœur	暗記して
		☐ par hasard	偶然
☐ en plein air	屋外で	☐ tout le monde	みんな
☐ quelque part	どこかに, どこかで	☐ le monde entier	世界中
☐ en retard	遅れて		

著者

鯨井佑士（くじらい　ゆうじ）
宇都宮大学名誉教授
放送大学客員教授

西部由里子（にしべ　ゆりこ）
慶應義塾大学講師

実用フランス語技能検定試験
仏検合格のための
傾向と対策3級（CD付）全訂

2011年10月10日　全訂　1刷発行
2017年12月20日　全訂　6刷発行

著　者　　鯨　井　佑　士
　　　　　西　部　由里子
発行者　　井　田　洋　二
製　版　　ユーピー工芸
印　刷　　三友印刷株式会社

発行所　（株）駿河台出版社　〔電話 03-3291-1676番〕
〒101-0062 東京都千代田区神田駿河台3の7

編　集　（有）エディシオン・フランセーズ

落丁・乱丁・不良本はお取り替えします．
当社に直接お申し出下さい．
（許可なしにアイディアを使用し，また
は転載，複製することを禁じます）
Printed in Japan